Julia Wilmsmann

Dem Mensch sein bester Kumpel

Geschichten rund um den Hund
im Revier

Henselowsky
Boschmann

Julia Wilmsmann ist Betriebswirtin Hundepflege, Hunde-Ernährungsberaterin und seit 2009 Besitzerin des Hundesalons »FurryTail – Märchenhafte Pflege für ihr Tier« (www.furrytail.de) in Essen-Steele.

Mit Dank an meinen Vater, der mit enormem Einsatz die Fotos für den ersten Teil dieses Buches geschossen hat; an meine Mutter, die mir viele Anekdoten über unseren Hund Benny erzählen konnte, die mir längst entfallen waren; an meinen Mann Björn, der Tag für Tag den ganzen Hundestress mitmacht und dadurch für die eine oder andere Geschichte in diesem Buch verantwortlich ist.

© Bücher vonne Ruhr
Verlag Henselowsky Boschmann
Gerichtsstraße 1, 46236 Bottrop
www.vonneruhr.de
E-Mail: post@vonneruhr.de
1. Auflage 2012
ISBN 978-3-942094-27-6
Herstellung: Westermann Druck Zwickau GmbH
Fotos »Hund im Revier«: Reinhard Platzer
Fotos »Hundegeschichten aus dem Revier«: Ulrich Straeter (S. 60); T. D. Reda (S. 64); Helmut Rinke (S. 66); Lena Buhla (Zeichnung S. 68); Wilfried Beiersdorf (S. 72); Adolf Winkelmann (S. 74); René Schiering (S. 82); Friedhelm Wessel (S. 85 u. 88); Reinhard Platzer (S. 90); Zepp Oberpichler (S. 94)
Umschlagfotos: Reinhard Platzer; vorne: Schroeder; hinten: oben – Julia Wilmsmann und Benny; mitte – Schroeder am Welheimer Büdchen; unten – Julia Wilmsmann mit ihrer Schwester Hannah, ihrer Mutter und Benny

Inhalt

Hund im Revier

Hunde-Geschichten aus dem Revier

Meine Hunde, mein Mann, das Ruhrgebiet und ich

Mein Ruhrgebiet: Du verlässt dein Haus links herum und bist in der Innenstadt. Egal in welcher. Du verlässt dein Haus rechts herum und du bist im Grünen. Am Ufer der Ruhr, des Rhein-Herne-Kanals, in Revierparks, in Wäldern, Wildgehegen, an Seen oder Teichen. Andere Menschen müssen stundenlang fahren, um ihr Vergnügen zu erreichen; wir müssen nur aus dem Haus gehen.

Mein Ruhrgebiet ist im Sommer grün, im Herbst bunt und im Winter fast noch bunter. Zumindest bis Weihnachten vorbei ist. Dann ist es weiß oder mit Reif überzogen. Durch mein Ruhrgebiet kann man zu jeder Jahreszeit stundenlange Spaziergänge mit den Hunden machen. Es ist der perfekte Ort für Mensch und Hund.

Ich selbst bin ganz in der Nähe der Ruhr aufgewachsen, in Essen-Steele. Großgezogen wurde ich von meinen Eltern und unserem Hund Benny. Durch Benny lernten meine Schwester und ich schon von klein auf die schönsten Ecken des Ruhrgebiets kennen.

Durch dieses Ruhrgebiet gehe ich jetzt mit meinem Mann Björn, unserem Welsh-Terrier-Rüden Schroeder, der mein Model und der Spielkamerad für die Hunde meiner Kunden ist, und seit kurzem mit unserer Welsh-Terrier-Hündin Harely Quinn. Beide Hunde haben aktiv beim Schreiben dieses Buches geholfen. Nicht zuletzt dadurch, dass sie mit Vorliebe auf meinen Schreibtisch sprangen und auf der Tastatur herumtanzten.

Björn und ich haben zusammen an der Ruhr-Universität Bochum studiert. Nachdem ich lange genug studiert hatte, dachte ich bei mir: Langsam musst du dir Gedanken um einen richtigen Job machen. Und als ich mal wieder Schroeder trimmte, kam mir die Idee. Ich machte neben der Uni eine Ausbildung zur Betriebswirtin Hundepflege und zur Hunde-Ernährungsberaterin und eröffnete 2009 meinen Hundesalon »FurryTail – Märchenhafte Pflege für ihr Tier« (www.furrytail.de). Mein Salon befindet sich in Essen-Steele auf der Paßstraße 34. Schauen Sie doch mal vorbei.

Julia Wilmsmann

Julia Wilmsmann mit Schroeder (rechts) und Harley

Hund und Kind

Als ich gerade im Krabbel- und frühen Laufalter war, wurden aus dem Gitterbettchen zwei Stäbe rausgenommen, damit ich alleine aufstehen konnte. Meine Mutter kam abends vorm Zubettgehen immer noch mal ins Kinderzimmer, um nachzusehen, ob ich ruhig schlief.

Unser Hund Benny hat damals jeden Abend im Kinderzimmer gelegen und mich bewacht, bis meine Eltern schlafen gegangen sind; dann musste er auch das Kinderzimmer verlassen. Bis dahin lag er immer entweder auf dem Boden vor meinem Bett oder auf unserem Schlafsessel gegenüber dem Kinderbett.

Eines Abends, als meine Mutter nach mir schauen wollte, war ich nicht in meinem Bett. Und somit herrschte plötzlich ganz schöne Aufregung im Kinderzimmer. Meine Mutter begann, den ganzen Raum nach mir abzusuchen. Vor dem Bett, hinterm Bett, bei den Spielzeugkisten, bei den Plüschtieren und unterm Tisch. Aber ich war nicht aufzufinden. Irgendwann bemerkte sie, dass etwas anderes ebenfalls nicht stimmte. Benny wäre normalerweise längst aufgesprungen, um mitzusuchen; außerdem hatte er den Raum den ganzen Abend lang nicht verlassen und musste wissen, wo ich war. Aber Benny war seelenruhig auf seinem Sessel sitzen geblieben. Er schaute meiner Mutter sehr interessiert hinterher, machte aber keine Anstalten aufzustehen. Bei genauerem Hinsehen war klar,

warum. Meine Teddybären hatten mir wohl als Kuscheltiere nicht mehr gereicht, und so war ich fest entschlossen aufgestanden, zu Benny herübergekrabbelt, auf den Sessel geklettert und hatte ihn zu meinem neuen Teddy ernannt. Ich schlief tief und fest unter ihm auf dem Schlafsessel, während ich Bennys Bauch mit Armen und Beinen umklammerte.

Heute habe ich etwas andere Ansichten, was Hunde als Kuscheltiere angeht. Zwar mag ich es, wenn mein Hund sich abends auf dem Sofa schmusig zeigt. Allerdings: Wenn ich schlafen will, fliegt der Hund in hohem Bogen aus dem Bett. Nicht, dass er da nicht reindürfte. Aber ein Hund ist nicht so flexibel wie ein Plüschtier. Kaum dreht man sich im Schlaf um, wird der Hund rege, und es dauert nur Sekunden, bis man selber wieder wach ist. Nein, getrennte Betten für Mensch und Hund halte ich für angemessen. Wenn mir nach kuscheln ist, ich weiß ja, wo ich ihn finde …

Tja, wäre da nicht Harley gewesen, die als Welpe sah, wie Schroeder auf das Bett sprang, und versuchte, es ihm gleichzumachen. Auch ihr haben wir aber beibringen können, dass schlafen im Bett tabu ist. So verkroch sie sich, solange sie klein genug war, zum Einschlafen unter dem Bett. Sobald jedoch mein Wecker morgens schellt, spüre ich zwei kleine dumpfe Plumpser auf meiner Matratze, und die beiden Frechdachse sind wieder da. Und wer will sich schon morgens um sieben streiten? Solange sie auf seiner Seite liegen …

Der Hund braucht eine Aufgabe

Was macht der Hund, wenn ein Kind mehr im Rudel ist? Entweder er beschützt es oder er versucht es zu vernichten. – Das war jetzt die Information mit dem Holzhammer.

Wenn das zweite Kind unterwegs ist, versucht man, das erstgeborene in die neue Situation mit einzubinden, damit es keine Eifersüchteleien gibt. Mit Hunden ist es genauso. Soll der Hund zum Beispiel das Kinderzimmer nicht betreten, und das genau ab dem Zeitpunkt, an dem dieses neue Rudelmitglied da ist, das noch gar nichts geleistet hat, aber sofort immer in dieses Zimmer darf, so kann da eine ganz schöne Wut entstehen. Deshalb ist es wichtig, den Hund auf Nachwuchs vorzubereiten. Neue Verbote sollten vorher eingeführt werden; man hat da in der Regel ja ein paar Monate Zeit.

Hier ist nun der Zeitpunkt gekommen, den Mythos Welpenschutz anzusprechen. Dieser gilt nämlich nur für das eigene Rudel. Und nur für die Welpen der Leitwölfin. Sollten sie als diese anerkannt werden: Glückwunsch! Sie haben alles richtig gemacht. Was ich damit sagen will: Verlassen Sie sich nicht auf Liebe und Verständnis ihres Hundes. Diese muss man erst fördern. Dazu ist es unbedingt notwendig, ihn in den Alltag mit

einzuspannen. Einspannen ist hier das richtige Wort. Denn als Zughilfe für den Kinderwagen eignet sich so ein Hund doch großartig. Als Wickelwächter macht er sich auch gut. Nur dass Benny auch das Waschen übernehmen wollte, gefiel meiner Mutter nicht so sehr. »Nicht lecken, Benny!«, hört man auf so manchem unserer Heimvideos.

Spätestens wenn sich das Rudel weiter vergrößert, gibt es eine Menge Herausforderungen für den Hund. Meine kleine Schwester war nicht nur für mich, sondern auch für Benny ein Abenteuer.

Wir beide waren etwas konsterniert, dass wir ausgerechnet an dem Abend, als sie kommen wollte, nicht zu Hause schlafen sollten. Aber wir durften sie kurze Zeit später auch kennenlernen und haben uns entschieden, dass wir sie beide gern hatten und wir uns um sie kümmern müssen. Ich selber musste mich damit abfinden, dass die Aufgaben großer Schwestern erst dann in Kraft treten, wenn man auch wirklich groß ist. Mit meinen zweieinhalb Jahren war ich noch nicht so stark und verantwortungsbewusst wie Benny; der war schon erwachsen und wollte auf uns beide aufpassen. Das führte jedoch zu einigen organisatorischen Problemen, wie er direkt in der ersten Nacht feststellen sollte. Benny konnte sich nicht entscheiden, welches Bettchen er in unserem Kinderzimmer bewachen sollte. Im Gitterbettchen lag jetzt Schwester Hannah, und ich hatte ein richtiges Kinderbett auf der gegenüberliegenden Seite des

Zimmers. Eine unruhige Nacht begann, in der Benny zunächst zwischen beiden Betten hin- und herlief, bis er die Entscheidung traf, sich in die Mitte des Zimmers zu legen, Nase in Richtung des einen Bettes und die Rute in Richtung des anderen. Alle paar Minuten wurde gewechselt. So blieb es, bis die Zeit reif war für ein gemeinsames Hochbett.

Was wir Kinder übrigens nie so ganz mitbekommen haben: Benny sollte nicht im Bett schlafen. Das hat uns nur leider nie einer gesagt, und so verbrachte er die Nächte seiner letzten zwei Lebensjahre auf den Beinen meiner Schwester. Habe ich eigentlich schon erwähnt, dass Benny ein Rottweiler-Schäferhund-Mix war?

Der Hund als Allround-Talent

Benny half uns in sämtlichen Entwicklungsphasen – und musste dabei ordentlich einstecken.

Als meine Schwester zahnte, nahm sie zum Leidwesen meiner Mutter statt eines gekühlten Beißrings lieber Bennys Rute. Benny ließ es gerne geschehen. Aber so egal es uns Hundemenschen ist, wenn der Hund uns durchs Gesicht leckt, bei unseren Kindern sind wir da schon etwas kritischer.

Benny hat uns nicht nur bei der Entwicklung unserer Kauwerkzeuge unterstützt, auch sein Kiefer hat uns einige gute Dienste erwiesen. Wer hätte gedacht, dass beide Kinder, die aufstehen und laufen lernen wollen, auf die unglaubliche Idee kämen, sich in den Reißzähnen des Hundes festzuhalten, sich am Kiefer hochzuziehen und sich dann vom Hund durch das Zimmer führen zu lassen.

An Körperkraft musste Benny auch einiges aufbringen: Im Sommer zog er den Kinderwagen, im Winter den Schlitten. Und wenn Hannah und mir das Essen mal nicht schmeckte, so hatten wir immer einen kleinen Müllschlucker unterm Esstisch sitzen. Dass er uns aufopfernd fast alles abgenommen hat, was wir nicht mochten, merkten unsere Eltern erst, als sie sauber abgeleckte Salatblätter unterm Tisch fanden.

Harley war vielleicht fünf Monate alt, als sie ihr erstes Kleinkind kennenlernte. Ole konnte krabbeln wie ein Weltmeister, und das einzige Stofftier, dass ihm jemals gefiel war ein Hund. Ole saß bei uns auf dem Sofa, als die Hunde angerannt kamen und auf das Sofa sprangen. Ole kreischte vor Vergnügen, und Harley hatte ihre wahre Freude daran. Schroeder fand das Treiben von zwei so jungen Kindern definitiv zu doll und verließ das Wohnzimmer, und Ole – gar nicht scheu – krabbelte, ohne auf Wiedersehen zu sagen, hinterher. Das fand seine Mutter zwar erstaunlich und mutig, ging allerdings zur Sicherheit noch mal nachschauen – was gut war, denn Ole wollte Schroeder offensichtlich mal ganz liebhaben und der liebe Schroeder hatte keine Lust dazu. Er hat nur kurz geknurrt, was so ein Kind Gott sei dank etwas erschrecken kann.

Ole und Harley allerdings wurden ein Paar. Denn Harley hat Ole mal eben ganz frisch von der Leber weg, will sagen aus der Hüfte heraus, ohne dass ich eingreifen konnte, das Gesicht abgeschleckt. Ich kniff die Augen zusammen und duckte mich, weil ich von Steffi, Oles Mutter, ein

Riesendonnerwetter erwartete. Aber das blieb aus. Stattdessen hörte ich nur Oles fröhliches Quietschen. Steffi erklärte mir, sie habe kurz nachgedacht, was sie dazu sagen sollte. Aber als sie den glücklichen Ole sah, fand sie es in Ordnung. Und so kam es, dass ein Wochenende lang ein kleiner Junge nur die Lippen zum Kuss spitzen musste, woraufhin seine angebetete Hündin diesen prompt erwiderte.

Es gibt wohl keinen schöneren Anblick als zwei Hunde, die wie wild über eine Wiese rasen, und ein kleiner Junge, der mit all seinen Kräften versucht, hinter ihnen herzukrabbeln. Hundefutter wollte Ole leider nicht haben, dafür hat er Pommes gegessen. Und auf unserem Rückweg vom großen Spaziergang hat Schroeder dann endlich auch einen Vorteil aus Oles Besuch ziehen können: Er durfte im Kinderwagen fahren.

Was lernt uns das? Hunde sind fantastische Familientiere. Leider nicht immer. Bereiten Sie den Hund auf das Kind vor und beobachten sie deren Umgang miteinander. Man sollte sich nicht auf den so genannten Welpenschutz verlassen. Dieser wird oft missverstanden. Gerade Hündinnen neigen dazu, alles zu vernichten, was nicht aus ihrem Wurf stammt. Deshalb sollte man den Hund auf die Geburt eines Kindes vorbereiten und ihn mit einspannen. Niemals darf er das Gefühl bekommen, dass er zu Gunsten des Neuankömmlings vernachlässigt wird.

Hund und Hund

Ist das ein Rüde? Diese Frage wird oft unmotiviert gestellt. Wenn man, statt mit einem fröhlichen Ja zu antworten, mal nachfragt, warum, dann kommt meistens die Antwort: Meiner versteht sich nicht mit Rüden. Wenn man dann weiter nachbohrt, seit wann und wieso das so sei, ist man schnell an dem Punkt angelangt, an dem der Fragesteller sagt: Darum! Das war schon immer so! Oder: Meiner ist mal von einem Rüden angefallen worden. Fragt man, von wem und ob der Angreifer dem eigenen Hund ähnlich sah, hört man oft die Geschichte, dass der Besitzer von Stund an nicht mehr zugelassen habe, dass sein kleiner Liebling mit anderen Rüden konfrontiert wurde. Oder sogar: noch nie.

Wenn ich meinem Hund von klein auf beibringe, dass man vor anderen Rüden Angst haben muss, indem ich immer einen großen Bogen um sie mache, ist es nicht verwunderlich, wenn mein Hund wirklich zubeißt, falls er doch mal unausweichlich einem anderen Rüden begegnet.

Auch hier noch einmal zum Mythos Welpenschutz: Der Welpenschutz gilt nur für das eigene Rudel. Dennoch sind die meisten Hunde unproblematisch in der Begegnung mit Welpen. Und Rüden sind nicht diejenigen, auf die man besonders acht geben sollte. Viel wichtiger sollte die Beobachtung sein: Wie dominant ist die Hündin, die mir entgegenkommt? Wenn sie nämlich die Idee hat, dass fremde Welpen nichts in ihrem Revier zu suchen haben, dann kann es schon mal eng werden.

Bevor es jetzt heißt, man müsse allen aus dem Weg gehen: Ein Welpe sollte grundsätzlich Zugang zu jedem Hund haben, der ihm begegnet. Jedoch hat der Hundeführer die Verantwortung für seine Sicherheit. Beobachten Sie die Körpersprache der Hunde, ob Rüde oder Hündin, und sprechen Sie sich mit dem Besitzer ab. Hunde sollen sich begegnen. Sie müssen miteinander spielen. Man muss sie sozialisieren. Um Situationen mit fremden Hunden meistern zu können, sollte man eine Hundeschule besuchen. Und damit meine ich Gruppentraining. Hier lernen die Hunde, miteinander umzugehen, und die Besitzer lernen, die Abläufe und Körpersprache zu erkennen.

Als Harley drei Monate alt war, sind meine Hunde einer netten jungen Hündin begegnet. Die Besitzerin der Hündin rief uns zu, ob denn meine beiden Jungs oder Mädchen seien. »Beides!«, rief ich zurück und wartete darauf, dass ich die Hunde ableinen konnte. Harley wollte ich nicht allein zu der Hündin lassen, die ich ja noch nicht kannte, und ich weiß, wie elegant Schroeder brenzlige Situationen löst. Das Frauchen der Hündin aber wippte vom einen Bein aufs andere und wusste nicht so recht, was sie tun sollte. Als ich rief: »Mit wem hat sie denn Probleme?«, antwortete sie: »Eigentlich verträgt sie sich mit jedem!« – »Aber?« – »Nö, da gibt es kein Aber …« – »Ableinen!«, rief ich, und die drei haben wunderbar miteinander gespielt. Im weiteren Gespräch erfuhr ich dann, dass Emma, so hieß die Hündin, bisher nicht in der Hundeschule gewesen sei, da sie ja sowieso schon genügend Hunde treffe. Emma hat sich ja auch ganz toll verhalten, aber ihre Chefin hätte die Unterstützung der Hundetrainer gut gebrauchen können, dann wäre sie viel entspannter und informierter in die Situation gegangen.

Im letzten Frühjahr waren wir im Nordsternpark unterwegs. Gerade fand das Rock-Hard-Festival statt, und während sich Herrchen bei den Konzerten vergnügte, ging ich mit Schroeder spazieren, hielt ihn davon ab, jeden Mist vom Boden zu fressen, und ließ ihn mit vielen anderen Hunden spielen. Ein kleines Kind, es konnte gerade laufen, kam auf Schroeder zugestapft und rief: »Ei!« Ich sagte: »Moment!«, schaute nach der Mutter des Kindes und drehte Schroeder in die richtige Position, damit er bemerkte, dass er jetzt angefasst werden würde. Es gibt nichts

Schöneres als eine Mischung von erschrockenem Hund und wiederum erschrockenem Kleinkind. Also macht man die beiden zunächst immer besser miteinander bekannt. Das Kind begann zu streicheln, und da es so ein heißer, trockener Tag war, stob der Staub aus Schroeders Fell. Das Kind war wohl sehr gewissenhaft und reinlich und fing an, dem Hund das Fell auszuklopfen. Ich hatte Schroeder längst wieder losgelassen, und er stand auch ganz gelassen da, und kümmerte sich nicht darum, was auf seinem Rücken vor sich ging. Die Mutter allerdings schnappte nach Luft und schaffte es so gerade noch, nicht in Ohnmacht zu fallen, brachte es allerdings nicht fertig, ihr Kind vom Staubklopfen abzuhalten, ehe Schroeder wieder glänzte wie der junge Morgen. Ich konnte nicht anders, als mich lachend für den Putzdienst zu bedanken. Und die Mutter? Sie trat jetzt etwas näher an Schroeder heran, wahrscheinlich um in Griffweite zu sein, falls ihr Kind bei seinem neuen Freund noch eine gründliche Zahnstein-Entfernung vornehmen wollte.

Wenn der Hund angefallen wird

Auf dem Rock-Hard-Festival am Nordsternpark, gerade war Herrchen mal dran mit Leine halten, hörte ich plötzlich ein lautes, hohes Schreien von Schroeder und ein wütendes und doch ängstliches Gebrüll von meinem Mann. Schroeder war von einem Husky-Mix angefallen worden. Ohne Warnung hat dieser ihn im Nacken gepackt, und Schroeder hing mehr oder minder wehrlos in der Luft. Die beiden Besitzer des anderen Hundes schauten sich die Szene teilnahmslos an. Mein Mann, ich und drei weitere nette Leute, die uns sofort zu Hilfe eilten, schafften es, den anderen Hund, dazu zu bringen, Schroeder loszulassen, indem wir dessen Hinterläufe anhoben, den Kiefer aufspreizten und (es tut mir leid, das zu schreiben, aber dieser Hund war dabei, Schroeder zu töten) in den Bauch traten. Schroeder kam frei und versteckte sich in einem Verkaufszelt. Ich krabbelte hinterher und untersuchte ihn. Er war beinahe unverletzt. Nur vier kleine Male zierten seinen Nacken. Inzwischen waren die Besitzer des Angreifers samt Hund, der wegen der Tritte dringend zum Tierarzt gemusst hätte, verschwunden. Außerdem hätte ich gerne mal einen Personalausweis gesehen. Einfach nur, damit das Ordnungsamt etwas zu tun hat und die beiden auch mal was vom Sachkunde-Nachweis erfahren.
Passieren kann immer was, aber man muss dafür geradestehen: sich entschuldigen und eventuelle Arztkosten übernehmen. Auch deshalb ist eine Haftpflichtversicherung für den Hund dringend ratsam.
Ich habe Schroeder nach einer Verschnaufpause an die Leine genommen und bin mit ihm weiterspaziert. Selbstsicher bin ich an anderen Hunden vorbeigelaufen. Man sollte sich besonders nach solchen Situationen darüber im Klaren sein, dass man Herr der Lage zu sein hat und seinen Hund immer vor anderen beschützen muss. Ich habe Schroeder beobachtet. Einige Minuten später spielte er freudig mit einer Schäferhund-Dame.
Nach zwei Tagen brachte ich ihn mit einer Husky-Hündin zusammen, eine von der Sorte, die genau weiß, was sie will, und dazu gehören keine aufgedrehten Terrier. Schroeder ließ sich nicht beirren. Glück gehabt!
Was tun, wenn der Hund nun aber Angst hat? Wichtig ist, dass man als Rudelchef selbstbewusst und stark ist. Natürlich hat unser Schützling keine Lust auf andere Hunde, wenn wir ihn – und sei es unbewusst – immer von anderen Tieren wegziehen. Wir müssen unsere Hunde führen, nicht halten.

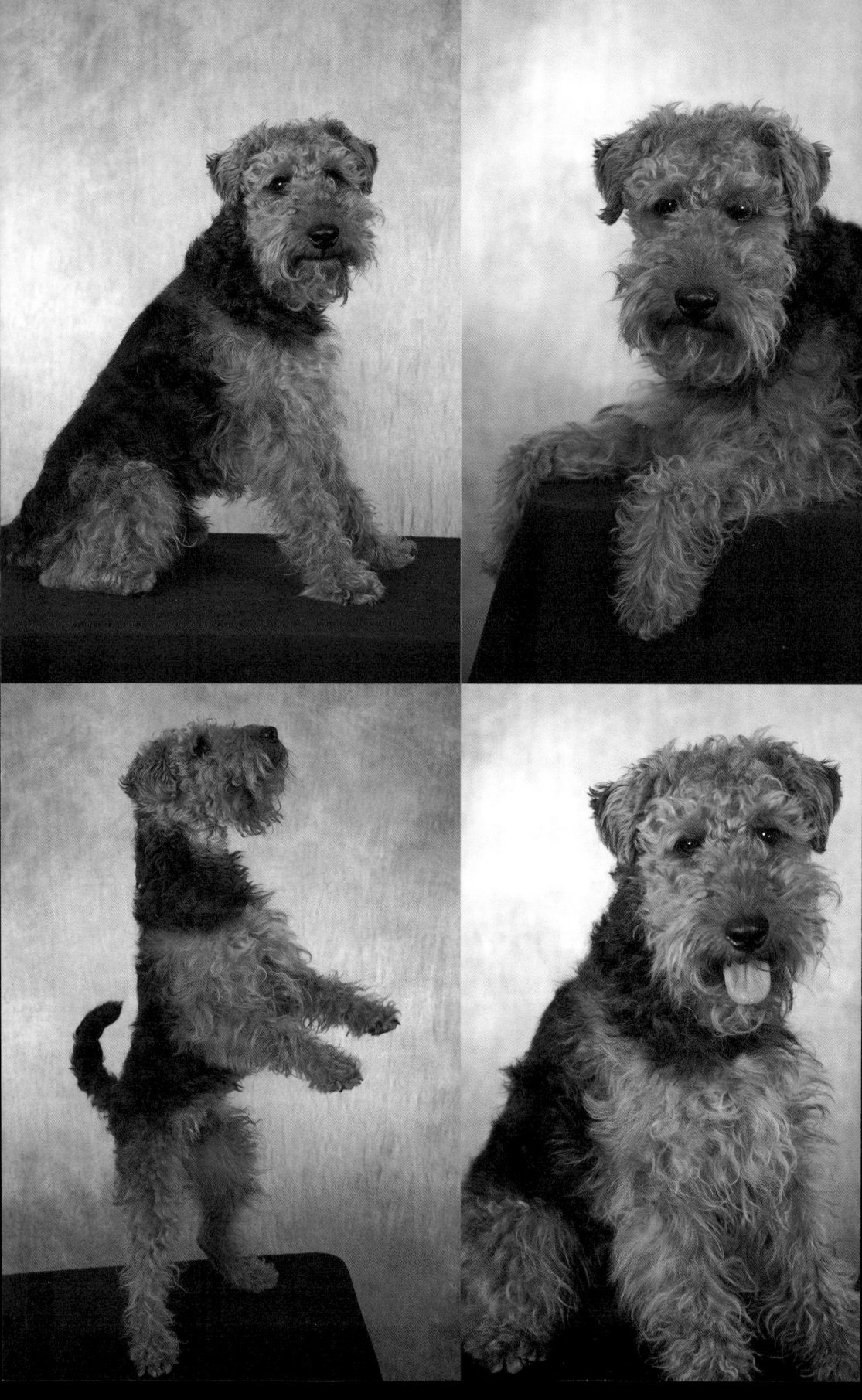

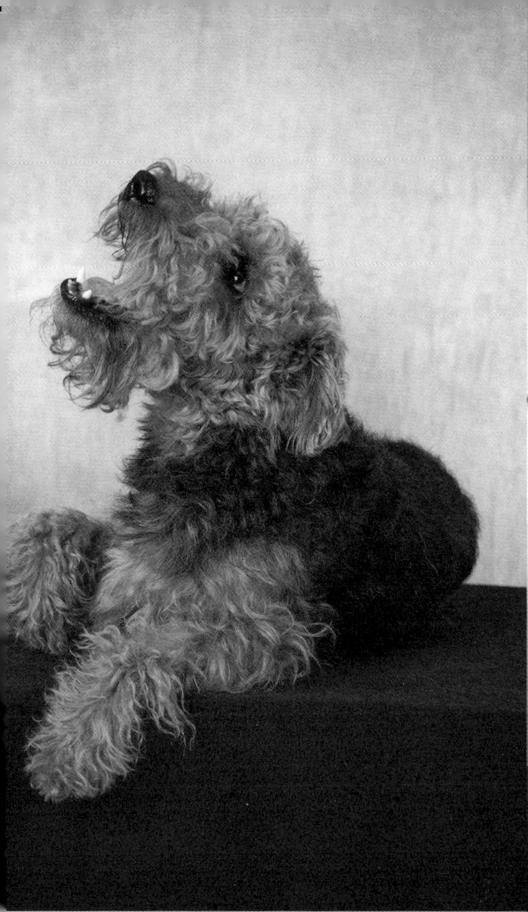
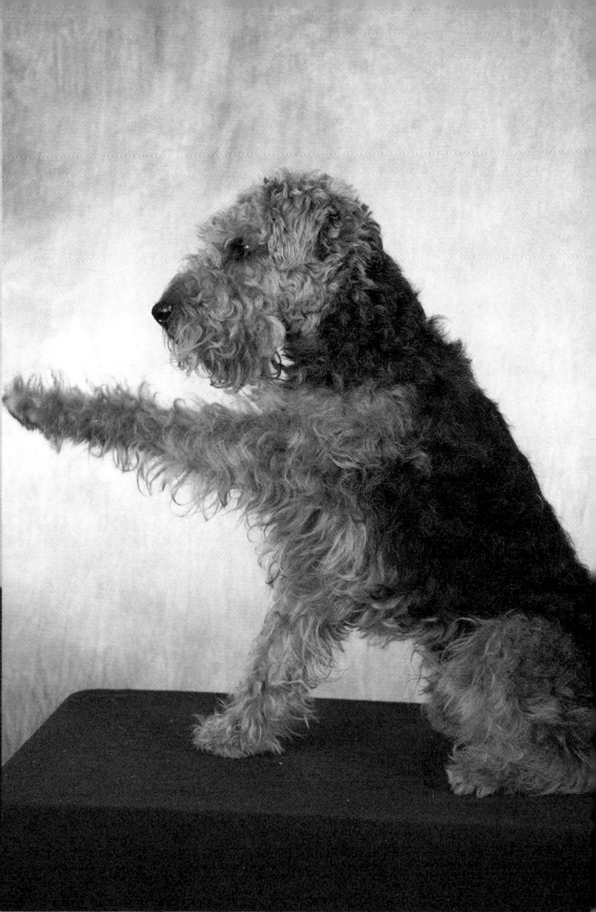
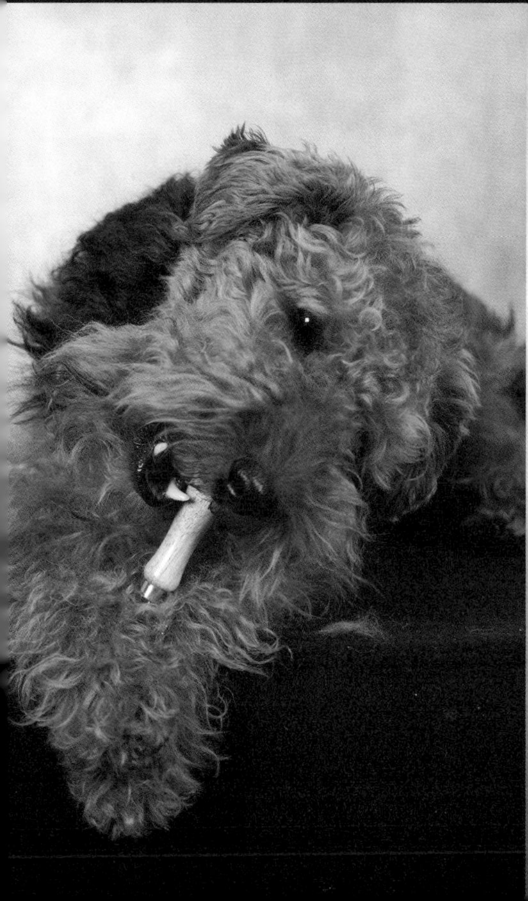
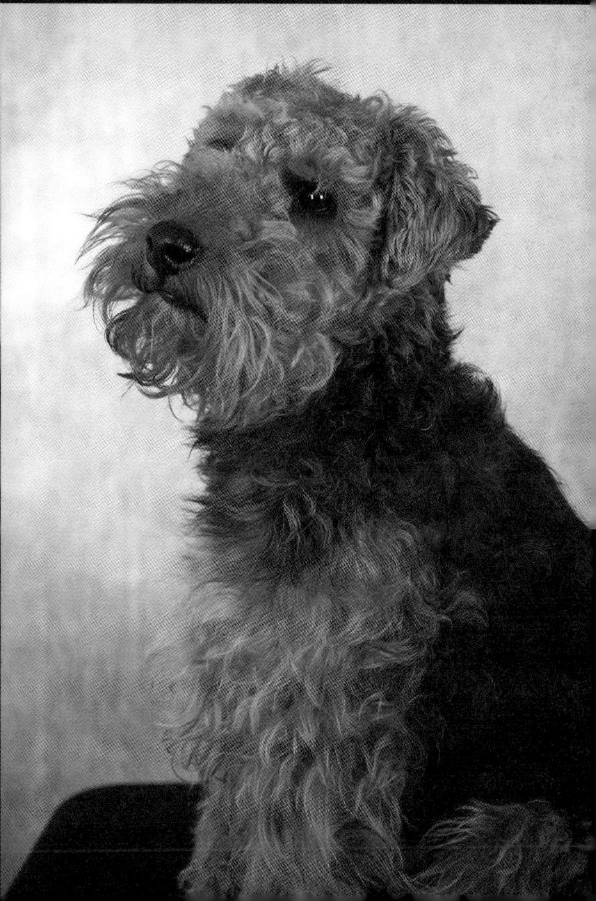

Was tun, wenn Ihr Hund in einen Kampf verwickelt wurde?
Ruhe bewahren. Situation einschätzen: Wenn noch nicht
erfolgt, die Hunde auseinanderbringen und voneinander
entfernen. Die Hunde untersuchen. Ist ein Hund
offensichtlich verletzt? Dann erste Hilfe leisten und sofort
zum Tierarzt. Situation nachvollziehen: Welcher Hund ist
auf wen losgegangen? Gegebenenfalls Versicherungsdaten
und Adressen austauschen. Mussten die Hunde gewaltsam
auseinandergebracht werden? Wenn keine offensichtlichen
Verletzungen vorhanden sind, beobachten und gegebenenfalls
zum Tierarzt bringen.

Was tun, wenn Ihr Hund einen anderen angefallen hat?
Auf jeden Fall entschuldigen. Egal, aus welchem Grund Ihr
Hund einen solchen Fehler gemacht hat, soweit darf es nicht
kommen. Besorgen Sie sich Hilfe von einem Hundetrainer,
selbst wenn Sie überzeugt sind, dass Ihr Hund nicht aus böser
Absicht gehandelt hat, schaden kann das Training nicht.

Was tun, wenn Ihr Hund einen Menschen gebissen hat?
Ob es sich bei dem Hund um einen übermütigen Welpen oder
um einen schwer erziehbaren älteren Hund handelt, auch wenn
die Wunde noch so klein ist und nur durch einen scharfen
Milchzahn verursacht wurde: Sofort den Hund ruhig, aber
zügig aus der Situation entfernen. Erste Hilfe leisten, zur Not
einen Kranken- oder Rettungswagen rufen. Adresse und
Versicherungsdaten angeben. Den Hund, ohne ihm viel
Beachtung zu schenken, nach Hause führen. Die Situation
noch einmal durchgehen. Mit einem Hundetrainer Kontakt
aufnehmen. Sollte es sich in diesem Fall um ein Welpenspiel
gehandelt haben, ist eine große Bestrafung durch langes Ignorieren
unnötig. Die nächsten Wochen beim Spielen den Hund darauf
trainieren, die Zähne vorsichtiger einzusetzen.

Läufige Hündinnen

Mit der Zeit hat sich Schroeder an Harley gewöhnt und hat bisweilen auch seine helle Freude an ihr. Besonders als Harley läufig war, ist ihm aufgegangen, wieviel Spaß man mit so einer eigenen Freundin haben kann. Allerdings hat er dadurch etwas Unmut anderen Hunden gegenüber entwickelt. Ein bis zwei weitere Artgenossen machen ihm nichts aus. Anders wenn wir auf enger Straße einen Freund treffen, der wiederum von fremden Hunden begrüßt wird, und die allesamt ganz begeistert von Harley sind. Diese wiederum ist ja nun mal von allem, was ihr entgegenkommt begeistert: von Hunden, Menschen, Kinderwagen, Fahrrädern, Blättern, Kastanien, Eicheln, Bucheckern … Wenn also nun alle Hunde der Nachbarschaft auf engem Raum eine Party feiern wollen und mein armer Schroeder sitzt mittendrin, kann er sehr ungemütlich werden. Ich habe dann die Leine fest im Griff und ziehe ihn ruhig aus der Situation raus.

Läufige Hündinnen sollte man immer an der Leine führen. Besonders heiße Hündinnen. Aber das weiß ich als Besitzer eines Rüden. Warum man die Hündin nicht loslassen soll? Weil sie diejenige ist, die den Vater ihrer Welpen aussucht. Die Rüden werden zwar alles versuchen, sie zu überzeugen, aber sie entscheidet. Leider entscheidet auch schon mal eine Chihuahua-Hündin, dass ein Großpudel super zu ihr passt. Nur ob die Welpen auch noch in sie passen oder sie die Geburt unbeschadet überlebt, ist ihr nicht klar. Vielen Besitzern leider auch nicht. »Vorsicht, die ist heiß!« – Das hilft nicht viel. Ob der Rüde nun an der Leine ist oder nicht. Wenn die Hündin frei herumläuft, dann kommt sie auch hinterher.

Andersherum funktioniert es auch: Eines lauen Sommerabends, es war gegen elf, gingen wir spazieren. Wir hatten einige Flaschen gut gekühltes Pils im Rucksack und wollten, nachdem wir Schroeder sein angemessenes Maß an Bewegung verschafft hatten, oben auf einem nun im saftigen Grün stehenden Schlittenhügel Platz nehmen und bei einer Erfrischung dem Schauspiel der Glühwürmchen zugucken. Noch bevor wir den Fuß des Hügels erreicht hatten, kam eine Neufundländerin im Dunkeln frei auf uns zugerannt. Ich sah, wie Schroeder vor Freude auf und ab sprang und die Hündin ihm ihr Hinterteil entgegenstreckte, wobei sie sorgfältig die Rute beiseiteschob, damit der Rüde auch die volle Pracht dessen erkennen konnte, was ihm nun blüht. »Achtung, die ist läufig!«, rief eine

weibliche Stimme von fern. Erst gemächlich, dann – beim Anblick unserer etwas unglücklichen Gesichter – etwas rascher kam uns die Besitzerin der Molossoiden entgegen. »Sie meinen wohl in der Hitze!«, antwortete ich. – »Was macht das für einen Unterschied?« – »Na ja, so sechs bis achtzehn Welpen!«, war meine sehr ungenaue Antwort, und ich sagte der Dame: »Sie bietet sich ihm doch an. Sehen Sie das nicht?« – »Was, die? Nein, die spielen doch nur. Ihr Hund hat genau die richtige Größe; da steht meine drauf. Das tut ihr richtig gut. Zu Hause ist sie jetzt den ganzen Tag im Keller, weil wir haben noch einen Rüden, der darf da nicht dran …« – »Und in welchem Unterschied steht der zu meinem Rüden, warum halten Sie ihn nicht von ihm fern? Und warum überhaupt ist sie nicht an der Leine?« – »Ich bin ja extra so spät gegangen; wer konnte denn ahnen, dass um diese Uhrzeit noch jemand unterwegs ist.« – »Das Spiel, das die beiden treiben, kenne ich: Das nennt sich Vorspiel!«, antwortete ich. Ja, das gibt es auch bei Hunden: spielerische Annäherung an den Sexualpartner. Aber die gute Frau verstand das nicht, und erst als ich meine Vorstellung von der Höhe einer Decktaxe verlauten ließ, wurde die Riesin angeleint.

Nach solchen Ereignissen bin ich erst mal sprachlos. Die Hündin hätte trächtig werden können, was gleichzeitig auch immer ein Gesundheitsrisiko bedeutet, kann zwei bis zehn Welpen oder gar mehr bekommen; die müssen mindestens acht Wochen bei der Mutter bleiben, brauchen Futter, medizinische Versorgung, Spielzeug, eine Wurfkiste und menschliche Fürsorge. Danach müssen die Welpen in vertrauensvolle Hände vermittelt werden, inklusive Absicherung, dass sie ihr Zuhause nicht verlieren und bei Problemen nicht einfach ins Tierheim abgeschoben werden oder gar Schlimmeres.

Schroeder war an diesem Abend zu nichts mehr zu gebrauchen. Wir erklommen gemeinsam den Schlittenhügel, die Kaninchen ließ er links liegen. Er versuchte stattdessen, seine Herzdame zu verfolgen, koste es, was es wolle. Oben angelangt, öffnete Björn mir ein Bier, bot Schroeder einen Knochen an, welchen dieser herzhaft ignorierte, und ich trat auf seine Leine. – Nein, ich band sie nicht um meinen Oberschenkel; nein, ich machte sie nicht an der Bank fest. Es gab einen Ruck, und Schroeder im Auftrag der Liebe, beziehungsweise Triebe, raste seiner Angebeteten hinterher. Ich sprang auf, die Flasche noch in der Hand, man will ja Scherben verhindern, stürmte los, was in einen James-Bond-artigen Hechtsprung

den Schlittenhügel hinunter mündete. Wie durch ein Wunder landete ich auf der Leine, und Schroeder blieb perplex sitzen. Aber er hätte gerne weitergesucht. Ich machte die Leine an einem Baum, der Bank und meinem Oberschenkel fest und wartete, bis die Glühwürmchen, die sich vor lauter Schreck verkrochen hatten, wieder glühten.

Harleys erste Läufigkeit hat uns allerdings ganz schön Nerven gekostet. Noch zwei Wochen später hatte ich Ringe unter den Augen.

Zunächst war alles ganz harmlos. Ich hatte ganz zu Anfang noch nicht einmal bemerkt, dass Harley überhaupt läufig ist. Eines Tages ließ ich beim Kochen etwas Paprika fallen und die Hunde stritten darum. Da es sich um rote Paprika handelte, hielten die beiden sie wohl für wert, darum zu kämpfen. Es gab ein kurzes Gerangel, und Harley quietschte laut auf. Das hat mich nicht weiter gekümmert, denn sie versucht immer wieder durch Quietschen und Janken ihren Gegner zu überlisten.

Die Situation beruhigte sich schnell, und ich gab zur allgemeinen Freude noch eine Runde Paprika aus. Dabei jedoch fiel mein Blick auf einen Blutstropfen am Boden. Ich dachte zunächst, da habe einer den anderen wohl etwas heftiger gezwickt. Ich konnte jedoch an keinem von beiden eine Wunde finden. Nachdem ich mich davon überzeugt hatte, dass ich mir im Eifer des Gefechts nicht in die Finger geschnitten hatte, ging mir ein Licht auf. Ich untersuchte Harley noch einmal. Ich konnte jedoch nichts entdecken. Ich dachte mir, dann würde die Läufigkeit sich wohl doch noch hinauszögern.

Die nächsten Tage fanden wir immer mal wieder einzelne Blutstropfen auf dem Boden. Als Harley sich dann einmal neben mich auf das Sofa legte und auf den Rücken drehte, um gekrault zu werden, war es eindeutig: Die Kleine war läufig. Sie war offenbar ein Naturtalent in der Körperhygiene, denn uns ging auf, dass die ganze Sache vor etwa einer Woche angefangen hatte und wir bis auf eine leise Ahnung nichts bemerkt hatten.

Sofort habe ich mich erneut schlau gemacht und nachgelesen, wie lange die Läufigkeit dauert und wann die Hitze eintrat, war mir aber sofort sicher, dass man die ganzen Faustregeln mit Sicherheit nicht auf den sensiblen, gerade beginnenden Zyklus meiner kleinen Hündin anwenden könnte. Wir warteten insgesamt zwei Wochen auf die Hitze. In der zweiten Woche der Läufigkeit wurde Harley immer biestiger und launischer, und der arme Schroeder wurde immer unsicherer.

Nur wenige Tage später traf Harley die Hitze wie ein Schlag, und damit traf sie Schroeder mitten ins Herz, beziehungsweise ein bis zwei Etagen tiefer. Wir konnten beide mit Hilfe eines alten Kindergitters oberhalb der Treppe trennen. An Schlaf war kaum zu denken. Schroeder hat fast jede Nacht durchgebellt und sechs Tage lang nichts gegessen.

Ich merkte, dass die Hitze abgeklungen war, als Schroeder wieder an seinen Napf ging und ein paar Brocken aß. Am nächsten Tag nahm er wieder Leckerchen an, und langsam versuchte ich die beiden wieder zueinander zu lassen.

Was lernt uns das? Leine deine Hündin in der Hitze stets an und schicke wenn möglich deinen Rüden in dieser Zeit in Urlaub.

Was soll ich Hund bloß anziehen?

Auf dem Weg zu meinem Salon hatte sich Schroeders Halsband etwas gelockert. Er stand mit nacktem Hals da und dachte sich: Ach, wenn Frauchen mich schon draußen ableint, dann drehe ich hier noch ne Runde. So sauste er die komplette Steeler Paßstraße rauf, blieb zwischendurch stehen, um zu schnüffeln und zu pinkeln, und immer, wenn ich ihn fast erreicht hatte, lief er weiter. Ganz oben auf der Paßstraße passierte natürlich das Schlimmste: Schroeder rannte auf die Fahrbahn genau in dem Moment, in dem ein Auto kam. Er merkte es Gott sei dank selber und sprang beiseite. Wenige Minuten später hatte ich ihn und habe mir geschworen: Ab jetzt gibt es Geschirre. Für Schroeder und für Harley.

Abends fuhr ich auf dem Heimweg bei einem Händler vorbei und kaufte zwei wunderschöne Geschirre mit der neuesten Technik, alles wunderbar. Am nächsten Tag machte ich Harley in meinem Laden fest. Sie kann dort nicht frei laufen, wenn ich Kunden habe, weil diese kleine Akrobatin über meine halbhohen Türen gesprungen kommt. Ich hatte die Türen lediglich auf Schroeders Sprungkraft anpassen lassen.

Nach ein paar Minuten sprang Harley mir über die Tür entgegen. Das Geschirr hing zerkaut an der Leine. Das kleine Monster war zuerst aus dem Geschirr geschlüpft und hatte dann darauf herumgekaut. Ich war mir sicher, dass mir das im Geschäft keiner glauben würde, und natürlich konnte ich das zerkaute Geschirr nicht umtauschen, sondern musste ein neues kaufen. Sie boten mir das gleiche Modell an und stellten es für Harley ein. Ich bezahlte etwas zähneknirschend und nahm es mit.

Die nächsten beiden Tage ist Harley fünfmal aus dem Ding entwischt, egal, wie eng ich es machte. Zweimal konnte ich beobachten, wie sie sich herauswand. Ich also wieder zum Händler, um das diesmal noch intakte Geschirr umzutauschen. Ich wurde mit einem freundlichen »Ach sie schon wieder!« begrüßt. Ich fragte nach einem Hosengeschirr, in das der Hund mit den Vorderbeinen einsteigt und das auf den Schultern geschlossen wird. Solche gab es nicht. Ich suchte mir ein 08/15-Nylongeschirr mit hundertprozentiger Verwirrungsgarantie aus. Am nächsten Morgen hatte ich die Leine noch nicht fixiert, da war Harley schon wieder aus dem Geschirr geschlüpft.

Jetzt trägt Harley je nach Situation Halsband oder Geschirr. Vielleicht finde ich auch irgendwann mal irgendwo ein Hosengeschirr für sie.

Leinenzwang

… ist etwas Unschönes. Ein Hund muss frei laufen und spielen. Im Ruhrgebiet gibt es diverse Hundewiesen, eingezäunt und frei, und auch Wege, auf denen Hunde nicht angeleint sein müssen. Aber eines gilt sicher: Sehe ich einen angeleinten Hund, nehme ich den eigenen auch sofort fest. Warum? – Meiner tut doch nichts! Wieviele Hundebesitzer kenne ich, die in so einem Moment keine andere Möglichkeit sehen, als laut zu rufen: »Aber meiner, der beißt zu!« Man weiß nie, wer einem da entgegenkommt, und der vernünftigste Grund, warum der andere angeleint ist, lautet immer: weil er meinem was antun könnte. Oft hat man den Eindruck, dass der andere Hund ebenfalls gerne frei laufen würde, aber wer weiß genau, was dahinersteckt. Also: Hund an die Leine, zu dessen eigenem Schutz.

Dieses Thema wird allerdings unter Hundebesitzern sehr kontrovers diskutiert und gelebt. Hand aufs Herz: Möchte man den eigenen Hund nicht immer und überall frei laufen lassen, weil der Liebe ja garantiert aufs Wort hört? Und die Schilder an allen Parkeingängen, auf denen zu lesen ist »Hunde sind an der Leine zu führen!«, sind die nicht ausschließlich für diejenigen, die ihren Hund nicht unter Kontrolle haben?

Apropos Kontrolle über den Hund: An einem schönen Hochsommer-Sonntag spazieren Schroeder und ich durch den Revierpark Vonderort. Seit Schroeder im Alter von drei Monaten in das gesprungen ist, was er für eine kleine Pfütze hielt, diese sich, als er sich kurz darauf eine Etage tiefer wiederfand, jedoch als übergelaufener Gully entpuppte, hat er eine Abneigung gegen alles, was nass ist – sehr verständlich und klar differenziert: Ausnahme sind das Trinkwasser in seinem Napf und erlesene andere Getränke. Hierzu an anderer Stelle mehr.

An diesem heißen Sommertag allerdings ließ er sich dazu herab, zunächst vorsichtig die Zeigekralle, alsbald aber eine ganze Pfote in das zu stecken, was im Frühling und Herbst eindeutig ein Bachlauf, im Winter ein weitestgehend vereister Bachlauf und im Sommer ein trauriges Rinnsal im matschigen Bett ist. Nicht lange und Schroeder sprang im kühlen Matsch hin und her und hatte sehr bald schwarze Pfötchen. Na warte, dachte ich mir, dich bekomme ich heute noch in den Teich. Und so machten wir uns auf in Richtung der Teiche. Auf dem einen kann man Tretboot fahren und dort waren bis vor einiger Zeit Schildkröten und allerlei Geflügel zu Hause. Auf dem anderen schwammen keine Boote, sondern Enten, zumeist Kanada-Gänse. Schon im Sommer zuvor hatten die sich hier angesiedelt und sich seitdem mit unwahrscheinlicher Potenz vermehrt. Ich selbst konnte das gar nicht begreifen und wusste nicht, wie ich mich fühlen sollte, als gestresste Familien versuchten, auf der großen Wiese zwischen all dem Gänsemist einen Platz zum Sonnen zu finden. Aber als eine Frau mit einem verdächtig gefüllten Baumwollbeutel ankam und kurz darauf begann, die Gänse zu füttern, da verging mein Appetit auf Gänsebraten, und ein Heißhunger auf dumme Pute am Spieß machte sich breit. Wildtiere füttert man nicht. Es sei denn, sie wohnen in einem Gehege und die Futterautomaten sind nicht abgeschlossen.

Also waren auch in diesem Jahr die Gänse wieder in den Revierpark gekommen. Ich selbst hatte mir vorgenommen, es den Gänsen nicht ganz so gemütlich zu machen, und so habe ich manches Mal in der Dämmerung, wenn niemand sonst zu sehen war, Schroeder abgeleint und ihn auf die Gänseschar zuschießen lassen. Natürlich hat er nie eine Gans erwischt. Die Gänse haben sich ja auch sofort in die Lüfte geschwungen. Ich wollte ihnen auch nur zeigen, dass es bei uns nicht ganz so einfach und unbeschwert zugeht. Harley könnte ich übrigens nicht auf die Gänse lassen. Sie würde im Zweifelsfall noch hochspringen und sich eine Gans

schnappen. Im besten Falle würde diese dann wieder zu Boden gehen, und Harley würde sie totschütteln, im schlimmsten Falls würde der Gans Harleys Fliegengewicht nichts ausmachen, und die arme Harley müsste es Nils Holgersson gleichtun und sich auf eine lange Reise mit den Wildgänsen machen.

An diesem Tag hätte ich sowieso nichts Ähnliches tun können, denn der Revierpark war überfüllt mit Menschen, die es für notwendig hielten, an einem Sonntag im Freien Handyschalen, raubkopierte CDs und Softeis einkaufen zu müssen. Wieso heißt so etwas eigentlich Flohmarkt? Es war also zu viel los, um den Gänsen eine Lektion zu verpassen, und meine Mission war ja auch eine ganz andere. Ich wollte Schroeder die Furcht vorm Wasser nehmen. Ich begann also, kleine Stöcke ins Wasser zu werfen, was Schroeder auch sehr interessant fand. An der Stelle, an der wir standen, war ihm das Ufer allerdings zu steil. Ein paar Meter weiter gab es aber einen sehr flachen Einstieg, und ehe ich ihn aufhalten konnte, lief er dorthin und machte einen Satz … in das, was er für festen Untergrund gehalten hatte. Hier nun stand mein Hund bis zum Hals im Gänsemist. Und hinter mir ging das Gelächter sämtlicher Flohmarkt-Besucher los, die schon genug Handyschalen geguckt hatten.

Der arme Hund blieb für kurze Zeit in einer Art Schockstarre, er wollte sich auf keinen Fall in diesem Mist bewegen. Während ich ihn vorsichtig an der Leine aus dem Matsch zog, hörte ich das Gelächter hinter mir, und ein ganz besonders widerliches Exemplar von sonntäglicher Väterlichkeit guckte seine Brut und die offensichtlich zugekaufte Freundin an und meinte fachmännisch: »Dat kommt davon, wenn man sein Hund nich fanünftich im Griff hat!« Ach so, dachte ich bei mir und befreite Schroeder aus meinem festen Griff. Dieser kluge Hund ging stracks auf ebendiese Familie zu und schüttelte sich vor deren Füßen und damit auf deren Kleidung den Matsch ab. »Entschuldigung«, rief ich, »ich hab wohl meinen Hund nicht unter Kontrolle!«

So kam es, dass Schroeder wie einst Till Eulenspiegel eines Tages dreimal getauft wurde. Zunächst habe ich ihn noch mal in den Teich gezogen, damit er den ersten Schmutz los wurde, zu Hause habe ich ihn vor der Türe mit der Gießkanne abgeduscht und des Abends musste er in der Wanne shampooniert werden.

Leider gibt es Menschen, die gar keinen Respekt vor Leinen und Hundebesitzern haben. Schon mal mit einem Welpen über einen belebten

Platz gelaufen? Wir waren im Sommer mit Harley und Schroeder auf dem »Mittelalterlich Phantasie Spectaculum« im Revierpark Nienhausen in Gelsenkirchen. Das ist ein riesiges Areal mit Musik, Essen, Trinken, Spielen, Verkaufsständen; kurz, es ist für jeden was dabei, und deshalb sind auch jede Menge Menschen da.

Immer wieder wurde Harley von Fremden angefasst, die – ohne mich zu fragen – meinten, den Hund streicheln zu müssen. Kinder habe ich vorsichtig darauf hingewiesen; Erwachsene habe ich nach einer Weile nur noch giftig angeguckt. Aber eine gehirnamputierte Hochleistungsidiotin hat den Vogel abgeschossen. Ich hatte in der einen Hand eine Flasche Apfelsaft, die andere frei und Harleys Leine ließ ich schleifen. Erwähnte Intelligenzbombe kreuzte unseren Weg. Sie beugte sich zu Harley runter, nahm sie auf den Arm und drehte sich um. Ich sprang auf die Leine. »Schatz guck mal, meine neuer Hund!«, rief sie. Dann gab es einen Ruck, sie blieb stehen, drehte sich verwirrt um, sah mich mit meinem bösen Blick, sah die Leine, sagte »Ach so!«, löste die Leine vom Halsband und wollte gehen. Ich nahm mit meiner einen freien Hand meine kleine Harley aus ihren Fängen und verschwand. Handgreiflich konnte ich mit zwei vollen Händen nicht werden, die Flasche wollte ich nicht fallen lassen, um Scherben zu vermeiden, und laut wollte ich nicht werden, weil mein armer Welpe auf meinem Arm saß. Aber so ein Mensch, der fremde Hunde ableint, gehört meinethalben geteert, gefedert und aus der Stadt gejagt.

Am Ende des Tages sagte meine Freundin Indra, die sich das ganze Schauspiel angesehen hat: »Wir hätten Harley ein Schild umhängen sollen: ›Einmal streicheln, 1 Euro!‹, dann wärt ihr jetzt reich.« Deshalb gibt es jetzt im FurryTail-Spreadshirt-Shop ein Hundeshirt, auf dem steht: »1x Streicheln, 1 Euro«.

Einmal Freunde, immer Freunde?

Baxter ist nur ein paar Monate älter als Schroeder. Ein Dalmatinerrüde. Schroeder und er hatten im Welpen- und Junghundalter oft im Wald miteinander gespielt.

Ein paar Monate später sind wir Baxter erneut begegnet. Schroeder hat sich hingelegt, und ich habe mich mit Baxters Rudelvorstand unterhalten. Ganz normaler Smalltalk darüber, wie die Hunde-Erziehung läuft und so weiter. Irgendwann rief ich Schroeder zum Aufbruch, und wir gingen Richtung Baxter, der in einiger Entfernung von uns stand. Auf seiner Höhe angekommen, ist er plötzlich auf Schroeder losgestürzt. Die Besitzer waren so perplex, dass ich Bexter alleine von Schroeder runterziehen musste. Aber kein Vorwurf, ich war in der Situation genauso von den Socken. Ich stand nur näher am Geschehen und konnte deshalb schneller reagieren. Außerdem hatte ich den Reflex, meinen Hund zu retten. Baxter wurde sofort angeleint. Ich habe schnell den Besitzern zugelächelt, gesagt, alles sei in Ordnung, aber wir würden uns jetzt aus dem Staub machen. Und genau das haben wir gemacht.

Erst als ich später im Kopf die ganze Sache noch mal durchgegangen bin, fiel mir auf, dass Baxter absolut vorhersagbar gehandelt hatte. Seine Gründe kannte ich nicht. Aber er hatte gedroht, seit er in unserem Blickfeld war: steif wie ein Brett, keinen Muskel bewegt und die Rute steil nach oben.

Was lernt uns das? Wir müssen uns immer darin üben, unsere und andere Hunde zu verstehen. Und die gleiche Möglichkeit für unsere Tiere schaffen. Das kann man machen in Spaziergruppen, Hundeschulen, Hundevereinen und beim Sport (z. B. Agility).

Guter Hund, böser Hund

Gründe für beißende Hunde gibt es viele. Aber alle Hunde, die ich bisher kennengelernt habe, taten es aus Angst, Unsicherheit und Schmerzen. Ein kranker Hund, der früher geschlagen wurde, wird es nicht gerne haben, wenn er hochgehoben wird oder ihm eine Bürste mit hoher Geschwindigkeit entgegenkommt.

Problematisch ist die Unsicherheit von Hunden, die hervorgerufen wird durch falsche und widersprüchliche Signale des Besitzers.

Wenn ein Welpe zur Probestunde in den Salon kommt und sich, was das Frisieren angeht, ruppig zeigt, so übe ich mit dem Besitzer erst einmal, im richtigen Moment zu loben, im richtigen Moment zu ignorieren und eventuell mal zu schimpfen. Hand aufs Herz: Wer hat noch nie zu seinem knurrenden oder schnappenden Hund im zuckersüßen Ton »Ist ja guuuut!« gesagt?

Die mir liebste Situation ist diejenige, in der drei verschiedene Rudelmitglieder um den Angstbeißer herumstehen: Frauchen schimpft, Herrchen lobt und das Kind versucht zu spielen. Da komme ich mit meinen Beschwichtigungsversuchen nicht durch. In so einer Situation versuche ich dann doch den Besitzer dazu zu bewegen, den Raum zu verlassen. Das ist der Grund, warum die meisten Hundefriseure die Besitzer von vornherein wegschicken. »Mixed Signals«, wie man so schön in der Singlewelt zu sagen pflegt, sind für einen Hund sehr stressig. Für welches der Signale soll er sich entscheiden? Er nimmt immer das bequemste, und wenn er dafür dann ausgeschimpft wird, dann weiß der Hund sehr schnell nicht mehr, wo ihm der Kopf steht.

Ganz besonders beliebt sind bei mir auch die Leute, die immer das übernehmen, was ich gerade tue, aber mir damit überhaupt nicht helfen. Mir tut es immer leid, weil sie lernen wollen und alles richtig machen wollen. Wenn ich einen Hund kurz anfahre »Nein!« und der Hund steht von Sekunde an still, dann allerdings der Besitzer ein »Schluss jetzt!« hinterherschickt, so ist das eher kontraproduktiv. Wenn ich einem Hund den Kopf festhalte und der Hund sich rauswinden kann, dann greifen ganz viele beherzt in den Bart. Ich muss dann immer schmunzeln und sagen: »Tja, da wollte ich jetzt eigentlich schneiden …!«

Der Boxer meines Großvaters wurde, bevor sich die beiden zum ersten Mal trafen, auf einem Hundeplatz trainiert, auf dem man Ketten nach den Hunden warf oder sogar damit nach ihnen schlug. Der Hund war extrem verunsichert und biss alles, das eine Gefahr für ihn darstellte. Zu Hause war er der liebste Freund, schlief im Bett und so weiter. Aber wehe, draußen machte jemand eine falsche Bewegung. Der Nachbar hat einmal zum Spaß die Schaufel gehoben und so getan, als würde er nach dem Hund zielen. Seit diesem Tag konnte der Hund nur noch an der Kette in den Garten.

Bei uns in der Nähe, hinter der Sport-und-Spiele-Seite des Revierparks, wohnt ein Jack-Russell-Terrier mit seinem Haustier, einer älteren Dame. Immer wenn er Schroeder sah, fing er an zu knurren und zu keifen. Wenn wir ihm zu nahe kamen, ging das Theater erst richtig los. Sein Frauchen riss dann erschrocken an der Leine und rief: »Das hat er ja noch nie gemacht!« – Jedes Mal!

Was der Kleine wollte? Wahrscheinlich hat Schroeder mal seine Gartenhecke angepinkelt. Was Frauchen wollte? Mir versichern, dass ihr Hund eigentlich ein ganz Lieber ist. Ich glaube ihr. Aber bei den Worten »Das hat er noch nie gemacht!« lache ich leise in mich hinein.

Was lernt uns das? Wir müssen lernen, unserem Hund im richtigen Moment die richtigen Signale zu geben: selbstbewusst an lauten Maschinen vorübergehen; den Hund loben, wenn er unbeteiligt auf seinem Platz liegen bleibt; ignorieren, wenn er sie anbellt. Hilfe bekommt man dazu in den Hundeschulen, in Hundegruppen, beim Tierarzt und natürlich auch im Hundesalon Ihres Vertrauens.

Hund auf Reisen

Ein Hund braucht einen Thron. Erhaben sitzen ist in der Tat etwas, das Hunde gerne mögen. Jeder Hund sitzt gerne auf dem Sofa, egal wie kuschelig sein Bettchen ist.

Schroeder ist zum wahren Schoßhund geworden, weil er in Bus und Bahn aus dem Fenster gucken will. Da ich in der Bahn lieber in mein Buch gucke als auf den Hinterkopf oder gar Hintern eines Welsh-Terriers, habe ich entschieden, dass der Hund einen eigenen Sitzplatz bekommt, wenn es die Anzahl der Mitreisenden erlaubt. Dummerweise sind die Mitreisenden der Meinung, dass zwar beschuhte Kleinkinderfüße auf Sitzplätze gehören, genauso wie deren Speichel, Naseninhalt und alles, was die kleinen Rangen noch aus ihren Fäustchen holen können, dass jedoch ein gut gepflegter Hundepopo sowie vier reine Pfötchen eine Ausgeburt der Hölle sind. Ich reise jetzt also mit Hund und seiner Decke. Ab einer bestimmte Größe brauchen Hunde eh ein Kinderticket, spätestens dann müsste ihm doch auch ein Sitzplatz zustehen, sofern Sitzplätze frei sind, oder nicht?

In der Bahn hat Schroeder einige Fans. Offenbar sieht er hungriger aus, als ich dachte. Und spätestens, wenn ich entscheide, mein Frühstück alleine zu verspeisen, bekommt er ein Fünf-Gänge-Menü aufgetischt. Ich habe immer ein Auge drauf, was er gefüttert bekommt. Also: Wenn Sie nicht mehr genug Futter zu Hause haben, fahren sie einfach Bahn.

Harley bekommt auch gerne mal was zugesteckt, allerdings geht sie viel forscher an die Sache heran. Während Schroeder seinen charmanten »Ich bin ein Goldjunge, und Goldjungen dürfen doch nicht verhungern«-Blick aufsetzt, setzt Harley sich mit einem sturen Blick hin, der sagt: »Gib mir was, gib mir was, gib mir was, gib mir was …!« Solange die Gönner mich vorher um Erlaubnis bitten, lasse ich ihnen den Willen. Schließlich kann ich am Ende des Tages entscheiden, wieviel Futter in die Näpfe kommt.

Braucht der Hund einen Gurt? Ja! Vor allem zu unserem Schutz, aber auch für sich selber sollte der Hund im Auto gesichert sein. Geschirr oder Box oder Gitter? Eine schwierige Entscheidung. Wir haben mit einem Geschirr angefangen. Schroeder entpuppte sich dabei als großer Hundini und saß bald bei jeder Fahrt auf der Hutablage, dem Regierungssitz des Hundes. Da ein Geschirr bei scharfem Bremsen auch schädlich für die Wirbelsäule sein kann, haben wir es mit einer Faltbox versucht. Natürlich kann der große Hundini auch Reißverschlüsse öffnen und sitzt alsbald wieder auf der Hutablage. Am Trenngitter zum Kofferraum kommt er vorbei. Im neuen Auto ohne Hutablage sitzt er allerdings am liebsten auf der eigenen Box. Gott sei Dank haben die Hersteller der Faltbox nämlich mit befreiungskünstlerischen Fähigkeiten meines Hundes gerechnet und ein bedeutungsvolles Gimmick angebracht. Wenn Schroeder jetzt versucht, den Reißverschluss aufzumachen, bekommt er immer den gleichen grimmigen Gesichtsausdruck: »Karabinerhaken … meine alten Erzfeinde.«

Aber natürlich gibt es immer jemanden, der auch der Faltbox den Garaus machen kann: Harley Quinn, Actionheldin, Springmeisterin und Koryphäe im Freikauen. Sie dachte sich: Wenn ich den Reißverschluss außen rum nicht öffnen kann, dann gehe ich einfach mittendurch. Warum wir überhaupt versucht haben, die Box zu flicken, trauen wir uns gar nicht mehr zu fragen. Jedenfalls haben wir jetzt eine geräumige Gitterbox im Auto stehen.

Man kann natürlich mit handwerklichem Geschick und einem Besuch im Baumarkt ganz individuelle Autoboxen bauen. Da allerdings mein

handwerkliches Geschick außerhalb der Fellpflege nur noch zum Aufbauen von Ikea-Möbeln reicht, bin ich sehr glücklich, dass andere Menschen das schon für mich erledigt haben.

Der Fluch des leisen Hundes

Während ich die Anekdoten zum Thema Hund und Auto zusammentrug und auflistete, bemerkte ich plötzlich, wie seltsam still es doch im Salon war. Und erschrak, als ich merkte, dass die Trenntür zum Verkaufsbereich offen stand. Schroeder ließ sich im ganzen Laden nicht finden, aber plötzlich kam die Erkenntnis. Ich ließ alles fallen, hängte einen Zettel an die Tür und rannte, so schnell ich konnte. Ich hatte doch tatsächlich meinen Hund im Auto vergessen. Schroeder schlief seelenruhig in seiner Box, und als ich ihn anleinte, sagte sein Blick: »Na, das hat ja gedauert!« Das ist der Fluch des leisen Hundes. Es braucht eine ganze Weile, bis man merkt, dass man ihn nicht hört.

Hund und Essen

Schroeder würde fast alles essen. Alles, was man ihm vorenthält. Oft bittet und bettelt er stundenlang und mit allen Tricks, nur um sich angewidert wegzudrehen, wenn ich ihm dann ein Stück von der Möhre hinhalte, die ich gerade putze. Hat der gute Junge sein Essen vor sich stehen, rührt er es nicht an, es sei denn, Harley ist in der Nähe. Dann beginnt der Kampf ums Überleben. Es gibt kein schöneres Schauspiel, als unseren Hunden zuzuschauen, die quer durch die Küche rennen, um zuerst am Napf des anderen zu sein. Beide würden niemals auf die Idee kommen, uns beim Essen anzubetteln. Aber kaum verlassen wir den Raum, steht Schroeder auf dem Tisch und Harley holt sich was runter. Ja, da hat was in der Erziehung gefehlt.
Immer wenn ich im Salon von Schroeders oder Harleys kleinen Untaten erzähle, gibt es Kunden, die sich diebisch freuen, und manche sagen: »Der nimmt sie nicht ernst!« – »Er respektiert Sie nicht!« Ich antworte

meistens einfach nur: »Ja, stimmt! In unserem Rudel herrscht Anarchie!«
Denn es ist befriedigend genug, gerade der erste Mensch seit Monaten zu
sein, dem der Hund erlaubt, seine Pfoten anzufassen.

Den perfekt erzogenen Hund habe ich selbst bei Profis noch nicht gesehen. Erst mal entscheidet jeder für sich, wie die perfekte Erziehung auszu-
sehen hat. Und jeder macht Fehler, die er ständig wieder ausbaden muss.
Der Hund meines ersten Hundetrainers hat sich regelmäßig aus seinem
Halsband befreit. Bei meinen Hundefriseurlehrern haben die Hunde versucht, auf die Tische zu klettern.

Erziehung ist nie zu Ende. Und am interessantesten für einen Hund, um
seine gute Erziehung zu vergessen, sind nun mal Lebensmittel aller Art.

Der Dackel in der Nusstorte

Meine Großmutter hatte einen Langhaardackel namens Wuschel. Meine
Mutter hat oft mit ihm trainiert. Ein gut erzogenes, beschäftigtes Tier
und ganz bestimmt nicht am Hungertuch nagend. Eine Feier sollte stattfinden. Die Wohnung wurde hergerichtet und aufgeräumt, die Zimmer
geputzt und eine Nusstorte gebacken. Die Torte wurde ins Schlafzimmer
gestellt, um sie aus dem Chaos zu schaffen. Irgendwann fiel auf, dass ein
ganz gewisser Trubelfaktor fehlte und alles leichter von der Hand ging als
gedacht. Wuschel fehlte. Alle rannten ins Schlafzimmer, und da saß der
schöne rote Langhaardackel mitten in der Nusstorte und fühlte sich im
Schlaraffenland.

Schroeder würde die Torte auch gerne genießen, aber so etwas verweigere
ich ihm natürlich gewissenhaft. Dafür hat er eine ganz andere Leidenschaft entdeckt.

Es war ein heißer Sommerabend, und ich hatte gerade den Rasen ge-
mäht. Zur Erfrischung mixte ich mir einen kühlen Likör 43 mit Milch.
Ich bemerkte, dass ich kein Feuerzeug bei mir hatte, um mir eine Zigarette anzuzünden. Ich ließ das Getränk auf dem Wohnzimmertisch stehen
und rannte nach oben. Als ich wieder herunterkam, wollte ich das Glas
mit in den Garten nehmen. Es war so seltsam leicht. Und Schroeder saß
mit verträumtem Blick auf seiner Decke. Diese Nacht schlief er sehr gut.
Natürlich sollte dieser alkoholische Exzess einmalig bleiben.

Zwei Tage später, es war ein heißer Sommerabend, goss sich mein Mann einen kühlen Baileys ein. Er bemerkte, dass er Hunger bekam, und ließ den Baileys auf dem Tisch stehen, um sich in der Küche schnell ein Brot zu machen …

Seitdem besteht Schroeder immer darauf, ein Schälchen Milch zu bekommen, wenn wir solche Getränke zu uns nehmen. Ich gönn es ihm hin und wieder …

Leider hat Schroeder noch eine weitere Leidenschaft: Bier. Schon alleine der Geruch betört ihn. Ein Freund hat zwei Hunde beziehungsweise halbe Ponys. Wir trafen ihn, als er gerade eine Maß Bier in der Hand hatte. Als er sich zu Schroeder herunterbeugte, steckte der gleich die Schnauze ins Glas. Unser Bekannter ließ ihn gewähren. Ein paar Schlucke würden dem Kleinen ja wohl nicht schaden. Ich fragte ihn daraufhin, wie groß seine Hunde denn seinen? So groß! Und wie groß die Mengen Bier seien, die sie haben dürfen? In diesem Moment fiel ihm doch noch auf, dass Schroeder wohl nicht ganz so viel verträgt, und trank den Rest lieber selber.

Harley hat ganz ähnliche Gelüste entwickelt. Björn goss sich eines schönen Abends ein kühles Weizen ein und setzte sich damit gemütlich aufs Sofa. Harley ließ sich genüsslich von ihm kraulen, und ich ging mit Schroeder in die Küche. Als ich wieder ins Wohnzimmer kam, schlief Björn auf der Couch, Harley lag mit glasigem Blick auf seinem Bauch, und das Weizen stand am Boden – genau bis auf Harleys Schnauzenlänge geleert. Mein Lachen weckte Björn, und er war doch etwas verärgert über seinen Verlust. »Was stellst du das Bier auch auf den Boden«, sagte ich. Doch mein Feixen sollte bald gesühnt werden.

Während ich an meinem Schreibtisch saß und schrieb, habe ich mir zum besseren Schreibverlauf, also auf dass die Worte besser fließen, das eine oder andere Glas Weißwein bereitgestellt. Natürlich erliegen wir Menschen gleich mehreren Genuss-Süchten, und deshalb begab ich mich auf eine Pause ins untere Stockwerk auf den Balkon, zündete mir eine Zigarette an und dachte mir beim Aufglimmen der Glut: Der Osten ist's und Julia ist die Sonne! In diesem Moment von oben ein schallendes Gelächter. Hey, der kann das doch gar nicht gehört haben, dachte ich weiter. »Was ist denn da oben los?«, rief ich. Die Antwort kam prompt: »Harley sitzt vornehm auf deinem Schreibtischsessel und trinkt Weißwein!«

Was soll ich sagen: Meine Hunde sind lustiger als Shakespeare, nicht umsonst trägt Harley Quinn den Namen eines Harlekins.

Hund unter dem Tisch

Naja, wenn nicht gerade ein paar Pommes unten liegen, um die man sich schön streiten kann, dann liegen Hunde ruhig unter dem Tisch, versuchen nicht, den Besitzern auf den Schoß zu klettern oder gleich auf den Tisch zu springen. Jedes Mal, wenn das Hauptgericht kommt, sind meine Hunde allerdings plötzlich hellwach, obwohl sie den Salat glatt verschlafen haben.

Wichtig ist, immer durchzuhalten. Auch wenn der Hund mal bellt. »Stur lächeln und winken!«, wie es so schön heißt. Fest auf der Leine stehen, so dass der Hund nicht springen kann und ihn einfach nicht beachten. Er wird aufgeben und sich unter den Tisch trollen. Irgendwann ist der Kleine dann überhaupt nicht mehr bemerkbar. Ich weiß, wenn man einen Junghund im kritischen Alter hat, klingt das utopisch. Aber ich habe meinen Beweis immer bei mir. Schroeder legt sich im Restaurant und in der Kneipe hin und schläft. Ich habe sogar ein Foto gemacht, als er das erste Mal länger als fünf Minuten stillgehalten hatte. Leider mit schlechter Handykamera. Und wer will schon einen schlafenden Hund sehen?

Hund und Arzt

Wenn Benny sich verletzt hatte und hinkte, wurde er natürlich zum Arzt gebracht. Manchmal konnte das mit dem Arzt-Termin auch mal ein Weilchen dauern, und Benny fühlte sich inzwischen schon etwas besser. Wenn er allerdings ins Behandlungszimmer kam und seine Ärztin sah, fing er wieder an zu humpeln. Auch Tage später, immer wenn mal mit ihm geschimpft worden war oder er etwas machen sollte, worauf er keine Lust hatte, fing er wieder an zu humpeln. Dummerweise hatte er schnell vergessen, welche Pfote er sich denn eigentlich vertreten hatte. So wechselte er ab und an die Seiten.

Schroeder geht lieber zum Arzt, als frisiert zu werden. Der Fluch des eigenen Hundes. Andere dürfen ihm einfach mehr antun. Die haben mehr Abstand. Er verhält sich also bei der ärztlichen Untersuchung sehr ruhig, allerdings ist die Ruhe nach der ersten Spritze vorbei. Nachdem es einmal wehgetan hat, wird er bei der zweiten Spritze etwas ungehalten und knurrt. Wenn die dritte Spritze kommt, versucht er reinzubeißen. Das

ist dann der Moment, an dem ich meine Hand in sein Maul legen muss. Er beißt nicht feste zu, auf die Idee würde er nie kommen, aber bis die Spritze gesetzt ist, muss Schroeder sich jetzt genau darauf konzentrieren, mir nicht wehzutun. Sobald dann das Leckerchen kommt, ist auch alles wieder gut.

Als wir Harley zur ersten Impfung gebracht haben, hat der Arzt sie erst mal schnell abgehorcht, kurz nach ihrem Alter gefragt und dann die Spritzen vorbereitet. Er setzte die erste Spritze, und Harley gab keinen Mucks von sich. Der Arzt guckte mich an und sagte: »Naja, die zweite ist immer schlimmer.« Er setzte die zweite Spritze, und Harley gähnte. »Die dritte ist immer die schlimmste!« Die dritte Spritze saß, und Harley war gelangweilt. Da grinste unser Tierarzt mich an und sagte: »Ach, das ist ein Mädchen!« Tja, liebe Männer, da sieht man mal wieder, dass wir Frauen viel weniger leiden, wenn wir zum Arzt müssen.

Wann muss man überhaupt zum Tierarzt? Ich habe von Leuten gehört, die jede Woche mit ihrem jungen Hund zum Arzt gehen, weil sie Angst haben, dass der Kleine was hat. Dem passenden Arzt wird das gefallen.

Bei Flohbefall sollte man auf jeden Fall zum Arzt gehen. Der Hund braucht nicht nur ein Mittel, um die Flöhe loszuwerden, sondern auch eine umfassende Wurmkur. Auch Läuse oder Haarlinge sind ein Grund, zum Tierarzt zu gehen. Kratzt Ihr Hund sich viel, und Sie sind sich nicht ganz sicher – es könnte ja auch ein Mückenstich sein: Riskieren Sie einen Besuch beim Arzt. Wenn Ihr Hund sich viel an den Pfoten leckt, bei weißen Hunden sieht man öfter mal rötliche Knöchel oder Pfoten, könnte dies ein Zeichen für Milben sein. Hat ihr Hund kleine entzündete offene Stellen auf der Haut, sogenannte »Hotspots«, braucht er ein Antibiotikum. In diesem Fall kann ein Hundefriseur Ihnen auch weiterhelfen, indem er die Stellen von Haaren befreit. Schüttelt Ihr Hund ständig den Kopf, ist vielleicht etwas mit den Ohren nicht in Ordnung. Zum Tierarzt natürlich bei allen größeren offenen Wunden, bei allen Anzeichen, dass der Hund fiebrig ist, bei regelmäßigem Husten und Niesen. Auf jeden Fall sollten Sie aber einmal jährlich zur allgemeinen Kontrolle und Impfung gehen.

Was lernt uns das? Zwischen Arzt und Hund muss das richtige Verhältnis aufgebaut werden. Man kann ruhig mehrere Ärzte ausprobieren.

Hund inne Ruhr

Benny war immer dazu da, uns zu beschützen. Schwimmen ging er zwar gerne, aber sauberes Wasser aus dem Kran war die größte Qual für ihn. Jedoch saß er heroisch im Planschbecken, bis meine Schwester und ich genug hatten von dem Spaß im kühlen Nass.

Schroeder hasst Wasser. Also flüssiges Wasser. Nasses Wasser. Er spielt unglaublich gerne im Schnee, das heißt, er verschwindet irgendwo im Schnee und taucht an einer anderen Stelle wieder auf. Und er läuft auf Eis. Benny ist einmal eingebrochen und hat sich Stück für Stück zurück ans Ufer gearbeitet.

Der Jagdtrieb eines Hundes ist oftmals problematisch, besonders für neue Besitzer. Eine Kundin hatte ihren neuen Hund gerade aus dem Tierheim bekommen. Sie ging mit ihm an der Ruhr spazieren. Dort wurde er auf eine Ente aufmerksam und hetzte ihr nach. Die Ente flüchtete in die Ruhr, und der Hund sprang hinterher. Die Ente schwamm fröhlich immer im Kreis, und der Hund versuchte, ihr zu folgen. Natürlich wurde er immer müder, und die Ruhr ist an vielen Stellen nicht gerade ungefährlich, was die Strömung angeht. Passanten wollten den Tierschutz rufen … zum Schutz der Ente. Und der Hund? Der hat irgendwann freiwillig die Jagd beendet und geht inzwischen nur noch kontrolliert schwimmen.

Und noch etwas, das ich gelernt habe: Was ist schöner als ein Bearded Collie, der gebadet werden soll? Ein Bearded Collie, der gebadet werden soll, aber am Tag zuvor in ein frisch gechlortes Schwimmbecken gefallen ist. Egal, dann setzt man eben einmal aus, um die Haut zu schonen. Aber was ist am allerschönsten? Wenn der Hund vorm nächsten Badetermin noch einmal ins Schwimmbecken fällt.

Kann dat sein, dat der Flöhe hat?

Er kratzt sich. – Ist er verlegen. Hat er einen Mückenstich. Hat er Flöhe? Oder kratzt es ihn einfach.

Tyson und Farina hatten extra neuen Flohschutz aufgetragen bekommen, wurden tags zuvor vom Tierarzt untersucht und sind erst dann zu mir gekommen. Und prompt fand ich vier Flöhe auf dem armen Mädchen. So ungerecht kann das Leben sein. Irgendwo auf dem Spaziergang zu mir hat Farina eben mal in einen Kaninchenbau geguckt oder an einem anderen Flohträger geschnüffelt. Tyson hat nichts davon abbekommen. Man muss wissen, Flöhe springen auf, trinken und lassen sich wieder fallen in der Hoffnung, dort zu landen, wo der Wirt bald wieder vorbeikommt. Deshalb muss ich im Salon auch für sofortige Desinfektion sorgen, wenn mir mal ein kleiner Hüpfer begegnet. Wenn dem Hund Flohschutz verabreicht wurde, bleiben die ungebetenen Gäste nicht lange, sondern fallen tot herunter. Wichtig ist jedoch: Flöhe können Würmer übertragen. Also wenn Sie Flöhe auf dem Hund finden, ist eine Wurmkur angebracht.

Eichhörnchen und Igel sind willkommene Gäste. Wer hat nicht gerne Eichhörnchen auf dem Balkon spielen oder einen Igel im Garten. Wilde Tiere jedoch sind mit Parasitenbefall gestraft. Meine Oma freute sich über die schönen Eichhörnchen auf dem Balkon. Benny freute sich auch. Dann freuten sich die Flöhe über Benny, und meine Eltern freuten sich nicht. Sie reisten mit Benny ab. Benny bekam eine Floh- und Wurmkur, und alles war wieder gut. Oma reiste auch ab. Und als sie nach dem Urlaub zurückkam, war ihre ganze Wohnung verfloht.

Was lernt uns das? Auch die Umgebung des Hundes muss desinfiziert werden. Man hat keine Ahnung, wo die kleinen Bösewichter herunterfallen. – Außer von Flöhen und Würmern können Hunde noch von Zecken, Haarlingen und Läusen befallen werden. Gegen letztere drei hilft meist der beim Arzt und auch in Apotheken erhältliche Flohschutz. Zusätzlich braucht der Hund eine regelmäßige Wurmkur.

Er ist wie ein Kind für mich

Ich war als Teenager oft Hundesitter, also eigentlich Gassigeher. Aber da viele Hunde wie kleine Menschen behandelt werden, passt das Sitter-Image ganz gut. Wobei der Kindervergleich etwas hinkt. Beim Kind versucht man die Ernährung zu kontrollieren, ihm genug Bewegung an der frischen Luft zu verschaffen und ihm die Möglichkeit zu bieten, soziale Kontakte zu knüpfen. Eigentlich das, was man einem Hund auch gönnen sollte. Auch bei der Erziehung ist so viel nicht anders. Zwar kann ich dem Hund kein Weltbild verschaffen, aber auch einem Kind muss ich Regeln aufstellen, Grenzen setzen und sie konsequent einhalten. Ich kenne eine Menge Leute, die behaupten, ihr Hund sei wie ein Kind für sie, und ihn tadellos erzogen hätten. Leider gibt es aber auch Menschen, für die der Hund wie ein verwöhnter Enkel ist.

Das Problem liegt genau da, wo der Hund den Platz eines Enkels oder Lebenspartners einnimmt. Den Enkel kann ich bis zu einem bestimmten Maß verwöhnen, denn die Verantwortung haben die Eltern, und bei denen gebe ich das Kind nach einiger Zeit wieder ab. Den Lebenspartner kann ich verwöhnen, denn er trägt die Verantwortung für sich selbst und findet von allein ein Ende. Meinen Hund kann ich auch verwöhnen. Aber weder er noch irgendjemand anders außer mir ist dafür verantwortlich, dass das, was ich ihm anfüttere, auch wieder abgelaufen wird. Denn wenn der Hund erst mal selbst die Verantwortung übernimmt, dann ist Land unter.

Ich habe früher einen Hund spazieren geführt, sein Name war Stevie. Stevie war ein schöner kleiner Mischling aus dem Tierheim. Im Tierheim wurde er auf vier Jahre geschätzt, von seinem späteren Tierarzt auf acht. Das war zwar ein stolzes Alter, aber bei seiner Größe hätten ihm locker noch ein paar Jahre gegönnt sein können. Stevie erhielt zusätzlich zu seinem Futter von seiner etwas älteren Besitzerin auch immer die Reste ihres Mittagessens. Wenn sie zum Essen ausging und ihn daheim lassen musste, hat sie ihm oft eine komplette Mahlzeit mitgebracht. Und damit sind durchaus auch Schnitzel in Rahmsoße gemeint. Hinzu kamen Leckerchen und so weiter. Ich bin mit Stevie dreimal die Woche lange Strecken gegangen und habe mit ihm richtig getobt. Aber so viel konnte ich gar nicht ablaufen, wie sie immer in ihn hineinschob. Am Schluss konnte ich zusehen, wie Stevie immer dicker wurde und der Gute nahm natürlich auch jede Mahlzeit an. Immer nur rein damit. Und irgendwann wurde er krank.

Ein anderer Hundebesitzer hat dauernd versucht, seinem Welpen zu erklären, warum er gerade etwas nicht durfte – etwas, das nun wirklich nur beim Kind funktioniert. »Nein, du darfst nicht auf die Straße! Die Autos sind gefährlich!« – »Nicht auf den Teppich pinkeln, der geht doch kaputt.« Jede Kleinigkeit wurde mit dem Hund ausdiskutiert, und der dachte sich kurzerhand: Alles klar, hier werden keine Entscheidungen getroffen, also mach ich das jetzt. Und schon hatte das Rudel einen neuen Leiter.

Was lernt uns das? Wir müssen Verantwortung für unsere Tiere übernehmen. Wir müssen uns damit auseinandersetzen, wie sie leben, wie sie sich

ernähren und sich verständigen. Denn wir müssen ihnen ein schönes Leben verschaffen und nicht umgekehrt sie uns.

Es ist angeraten, auch nach Jahren der Hunde-Erfahrung, sich auf dem Laufenden zu halten und zu schauen, ob es neue Erkenntnisse gibt. Unsere Kinder erziehen wir seit geraumer Zeit nicht mehr mit dem Rohrstock. Das Zusammenleben zwischen Hund und Mensch gibt es schon seit Ewigkeiten, und es soll doch nur besser werden.

Zucht oder Tierheim?

Eine schwere Entscheidung, die jeder für sich treffen muss. – Es gibt Hunderte von Gründen, Hunde aus dem Tierheim zu holen. Man tut damit etwas Gutes, gibt einem Hund, der vielleicht Schlimmes erlebt hat, ein Zuhause, unterstützt den Tierschutz; und man kann nach einem schon ausgebildeten Hund suchen, der genau zu einem passt. Auch der Preis kann ein Grund sein. Die Schutzgebühr im Tierheim ist geringer als der Preis für einen Rassehund aus ordnungsgemäßer Zucht.

Für einen Hund aus der Zucht spricht, dass man sich seine passende Rasse suchen kann, den Welpen nach seiner Vorstellung erziehen kann, die Gesundheit des Welpen im besten Fall garantiert ist und man immer einen Ansprechpartner bei Problemen hat. Aber egal wofür man sich entscheidet, man sollte sich genaustens informieren, mehrere Zuchten ausfindig machen, darauf achten, nicht an Wühltisch-Welpen zu geraten. Man sollte auf jeden Fall stutzig werden, wenn man einen Hund ohne Gespräch und Kaufvertrag in die Hand gedrückt bekommt. Im Tierheim Essen zum Beispiel ist es üblich, erst mal einen Hund kennenzulernen und mit ihm spazieren zu gehen. Viele Tierheime behalten sich eine Wohnungsbesichtigung vor.

Es ist Trend geworden, über Hilfsorganisationen Hunde aus dem Ausland anzunehmen. Ja, die Tiere haben unsere Hilfe verdient. Aber wenn wir den Tierschutz anderer Länder übernehmen, braucht man sich dort keine Gedanken mehr um das Problem machen. Wir sollten darüber nachdenken, ob wir uns so etwas leisten können, solange zum Beispiel im Essener Tierheim alleine über hundert Hunde sitzen und auf ein Zuhause warten.

Kopp hoch, auch wenn der Hals dreckig ist!

Eine Freundin hat mal gesagt: Ich möchte mal einen Tag lang ein Diktiergerät bei dir im Salon aufstellen. Merkst du eigentlich, was du verzapfst? Das sagte sie, nachdem sie vor Lachen vom Sofa gefallen war, nur weil sie eine halbe Stunde im Laden auf mich gewartet hatte. Tatsächlich ist es immer wieder amüsant, wie wir mit unseren Tieren reden. Oft ist es sogar so, dass ich für die Tiere spreche, wenn die Besitzer mit dabei sind. Gähnt ein kleiner Raufbold, nachdem er sich lange abgemüht hat, uns durch zappelnde Bewegungen abzuschütteln, kommt oft der liebevolle Satz: »Ja, Kleiner? Bist du müde? Ja, mein Lieber, sooo anstrengend ist das.« Und ich habe mich schon häufig dabei erwischt, wie ich antworte: »Nee, Frauchen, sach, ich kann noch ewig. Nur wenn ich gähne, wirst du vielleicht müde ... Das hat eigentlich nur zu bedeuten: Lasst mich doch, ich tu euch doch auch nichts!«

Wir quasseln wirklich einiges vor uns hin, wenn unser Hund nur aufmerksam genug aussieht. Mein Schwiegervater hat immer zu mir gesagt: »Ich versteh nicht, wieso die Leute immer so viel mit Hunden reden; die verstehen doch kein Wort!« – Stimmt, Hunde hören auf Stimme, ein paar Schlüsselworte (oft »sitz« und »platz«, meistens aber »Futter«, »Leckerchen« und »Käse«) und achten besonders auf Körpersprache. Also warum reden die Leute so viel mit ihren Hunden? Das macht doch gar keinen Sinn. – Doch, es macht schon ganz schön viel Sinn. Erst mal ist man oftmals davon überzeugt, dass der Hund wirklich jedes Wort versteht. Meistens versteht der Hund dabei einfach nur jede Kopf- oder Handbewegung, die wir beim Sprechen machen. Diese bemerken wir aber selber gar nicht und könnten diese Informationen gar nicht weitergeben, würden wir nicht sprechen. Schroeder ist übrigens meines Erachtens fest davon überzeugt, dass sein Nachname entweder »Nein!« oder »He?« ist. Und der adeligste Hundename ist immer noch »Runter vom Sofa«.

Es gibt noch einen zweiten Grund, warum wir mit unseren Hunden wie mit Menschen reden. Wir fangen immer dann mit ihnen zu sprechen an, wenn sie etwas machen, das wir nicht wollen, und andere Menschen mit dabei sind. Das nennt sich Image-Arbeit. Wir wollen nicht, dass die Passanten denken, wir würden grob zu unserem Hund sein. Anstatt also unseren Hund von der halb verwesten Pizza auf dem Gehsteig wegzuziehen und »Pfui!« zu rufen, beugen wir uns herunter, halten ihn fest und sagen

etwas wie: »Nein, du bekommst doch zu Hause dein Fressen; das hier ist doch alt und dreckig, damit verdirbst du dir nur den Magen.«

Es ist immer wieder spannend, wenn neue Kunden zu mir kommen, den Hund dalassen und zu mir sagen: »Der Hund spricht nur Polnisch, Spanisch, Russisch, Türkisch … Können Sie das?« – »Ähm, nein!« Ich kenne tatsächlich ein paar englische Grundkommandos, aber bisher hat mich jeder Hund auch noch ohne Sprache verstanden. Stimme macht doch viel aus. Gut: Bei »sitz« und »platz« hilft das nicht viel. Aber wenn ich will, dass ein Hund sich setzt oder legt, kenne ich den ein oder anderen Trick. Ich weiß gar nicht mehr, welcher Hund es war, aber er hörte statt auf »sitz« und »platz« auf »sit« und »down«. Alle anderen Kommandos waren auf Deutsch. Ich fragte nach und bekam die Antwort, dass »sitz« und »platz« für den Hund lautlich zu nah beieinander seien, (das kann bei den beiden Zischlauten »tz« schon vorkommen) und deshalb die englischen Kommandos verwendet werden sollten. Ich verzichtete in diesem Moment darauf zu erwidern, dass der Kleine bestimmt auch auf die Worte »Gießkanne« und »Gummistiefel« gehört hätte, wenn sie es ihm so hätte beibringen wollen.

Harleys Pieselkommando ist übrigens »Regenbogen«. Wir kamen auf dieses wunderschöne, doch selten benutzte Wort, weil ich jedes Mal Schweißausbrüche bekomme, wenn irgendjemand in geschlossenen Räumen »Mach schnell« ruft und Schroeder mit dabei ist. So entstehen die meisten unserer Kommandos im Alltag und bestehen oftmals nur aus Sichtzeichen. Aber auch da muss man sich hin und wieder mal beobachten und etwas aufpassen. Ich bin zum Beispiel sehr glücklich, dass Backofenklappen von oben nach unten geöffnet werden. Stellen Sie sich vor, es wäre anders herum. Dann sähe es genauso aus wie bei einer Heckklappe am Auto. Und so sehr ich es liebe, dass Harley springt, sobald der Kofferraum sich öffnet: In den vorgeheizten Backofen sollte sie besser nicht hüpfen.

Solange wir unsere Hunde so erziehen können, dass wir mit ihnen zusammenleben, sie anderen nichts anhaben und gesund bleiben können, ist alles in bester Ordnung. Und wenn mal jemand guckt und sagt: »Na, der hört aber nicht gut!« – Dann lächeln Sie einfach und fragen: »Wieso? Was habe ich ihm denn gesagt?«

10 x Eigentlich

Eigentlich …

… darf er nicht ins Bett. – Solche Vorsätze sind ganz schnell vom Tisch. Zum Beispiel wenn der Welpe morgens um halb fünf nur dann Ruhe gibt, wenn er auf Herrchens Bauch weiterschlafen darf.

… bekommt er nichts vom Tisch. – Irgendwann passiert es aber doch. Die Oma oder die Nachbarin, die Kinder oder man selbst reicht dem Hund was Leckeres nach unten. Kleiner Tipp: Ihm beibringen, dass flach auf dem Boden liegen und keinen Mucks von sich geben das bessere Betteln ist.

… ist er stubenrein. – Das stimmt. Nur »Stube« muss man manchmal genauer definieren. Wir gehen üblicherweise auch auf die Toilette. Aber wenn halt keine in der Nähe ist, tut es dann doch der Baum oder das Gebüsch. Und vor Aufregung hat so mancher schon mal ein paar Tröpfchen verloren. So ist das auch bei Hunden. Pinkeln ist besonders für Rüden leider auch eine Art, Freundschaft zu knüpfen. Das hintereinander an der gleichen Stelle Markieren ist wie Friedenspfeife rauchen. Sollte der Hund aus diesen oder anderen Gründen im Haus markieren, verspricht eine Windel Abhilfe. Denn wo nichts rauskommt, sieht der Hund kein Ergebnis, und wo es kein Ergebnis gibt, ist die ganze Handlung unnötig. Binnen kürzerer Zeit wird der Hund also mit dem Markieren aufhören.

… bekommt er nichts außerhalb der Mahlzeiten. – Warum nicht? Leckerchen sind für die Erziehung notwendig und auch später braucht man hin und wieder mal eine Belohnung. Bei uns ist es doch genauso. Sonst könnte die Süßigkeitenindustrie aber einpacken. Man kann noch weitergehen. Bei uns Menschen gibt es nicht nur das Feierabend-Bier oder das Pausen-Zigarettchen. Es gibt ganze After-Work-Partys. Da ist es doch legitim, dass der Hund nach getaner Arbeit ein trockenes Plätzchen bekommt. Bei Exemplaren, die bei schnellem Laufen auch schon mal ins Rollen geraten, sollte man eventuell auf Obst und Gemüse zurückgreifen und nicht auf den Butterkäse. Paprika eignet sich super, und Äpfel sind auch sehr beliebt. Bitte verzichten Sie aber darauf, dem Hund ganze Mahlzeiten statt kleiner

Belohnungen zu kredenzen. Ab einem gewissen Punkt ist es zwar lieb gemeint, aber einfach nicht mehr lieb.

… wird er täglich gekämmt. – Aber manchmal klappt es halt nicht und selbst wenn, entstehen trotzdem Knoten. Ich weiß. Mein Hund wird nicht täglich gekämmt. Und unter den Ellbogen und auch am Bart hat selbst er bisweilen mal Knötchen. Das ist okay, dafür bin ich ja da. Lassen Sie es nur bitte nicht zu weit kommen. Irgendwann muss man das Fell abscheren.

… hört er aufs Wort. – Die Frage ist nur, auf welches? Das Thema ist so komplex, dass ihm ein ganzes Kapitel gewidmet wird.

… versteht er sich mit jedem. – Ich mich eigentlich auch. Trotzdem gibt es Menschen, aus denen ich gerne Gulasch machen möchte. Denen gehe ich aus dem Weg. Und die gleiche Möglichkeit muss meinem Hund gewährleistet werden. Er muss nicht jeden mögen, er muss nur gut sozialisiert sein. Auch zu diesem Thema gibt es ein eigenes Kapitel.

… mag er Wasser. – Aber nicht von oben und nicht in Verbindung mit Shampoo. Willkommen in meiner Welt. Mit diesem Problem muss vor allem ich fertig werden. Aber zum Trost: Ihr Hund will mich nicht ärgern. Er hat nur keine Lust, hinterher nach Rosenwasser und Lavendel zu riechen. Wenn er im Ententümpel schwimmt, duftet er für seine Nase viel wohlriechender.

… bekommt er nur Trockenfutter. – Und hin und wieder doch mal das kleine Schälchen Fleisch mit feinster Soße und der Petersiliengarnierung? Na, wenn es ihm schmeckt. Zwei Dinge dazu: 1) Trockenfutter ist nichts Schlimmes. Wenn der Hund dazu neigt, zu wenig zu trinken, vielleicht auf Nassfutter umstellen. Und wenn er gerne viel isst: Dosenfutter bringt mehr Masse pro Kalorie. 2) Nassfutter ist nichts Schlimmes. Wenn der Hund die notwendige Menge nicht schafft oder das Dosenfutter ein bisschen zu sehr ins Portemonnaie geht, vielleicht auf Trockenfutter umsteigen.

… ist er ganz verschmust. – Das Gleiche kann ich auch von meinem Mann sagen und bin trotzdem froh, dass er mit diesem Bedürfnis nicht zu Ihnen kommt. Seien sie glücklich, wenn Ihr Hund sich nicht von jedem streicheln lässt. Das ist dann nun mal Ihr Privileg.

Ulrich Straeter

Der intelligente Sprung

Es war die Zeit, als Aki Schmidt unseren Dorfverein innerhalb von zwei Jahren von der zweiten Kreisliga in die Bezirksliga schoss. Als nächstes wäre die Westfalenliga drangekommen. Doch da meldete sich Borussia Dortmund, und Aki war weg. Bei Borussia machte er seinen Weg und fuhr mit der Nationalmannschaft zur Weltmeisterschaft nach Schweden. Unser Dorfverein stieg dann genauso schnell wieder ab, wie er aufgestiegen war. Leider nützte auch Hupper Landskröners Schwerstarbeit in der Verteidigung nichts. Flasche schoss weiterhin seine Kerzen, das fiel aber jetzt wieder schwerer ins Gewicht.

Es ergab sich ein anderer Grund, auf den Platz zu gehen. Der Hund. Unser Boxer. Bolko von Henkenberg, der einzige Adelige in der Familie, besaß eine schöne, gleichmäßige Zeichnung, einen weißen Brustkorb, vier weiße Pfoten und rechts und links einen weißen Schimmer an der Schnauze, der fast wie ein Bart wirkte. Das kurze Fell war kräftig rotgelb. Er war volljährig, das heißt ausgewachsen, wie uns Experten erklärten. Er müsse zur Dressur. Das Tier gehorchte an sich sehr gut, aber das sei nicht alles. Also nahmen wir Kontakt zum örtlichen Hundeverein auf. Der trainierte seine Tiere am Rand des Fußballplatzes, der an der B 236 zwischen Lünen und Letmathe, genauer gesagt zwischen Hörde und Schwerte, lag. Er unterhielt dort mehrere Zwinger und ein kleines Klubheim, in dem man bei Regenwetter eng zusammenhocken und Bier trinken konnte.

Eine der wichtigsten Grundübungen gefiel unserem Hund überhaupt nicht. Er verweigerte sie erfolgreich. Die Schäferhunde konnten das: ein bis zwei Stunden am anderen Ende des Fußballplatzes auf Kommando liegen bleiben und sich nicht rühren, egal was Herrchen machte. Die soziale Ader unseres Hundes war so stark entwickelt, dass er das höchstens fünf Minuten aushielt (wahrscheinlich leuchtete ihm der Sinn der

60

Übung ebenso wenig ein wie uns), danach gesellte er sich wieder zu den Menschen und anderen Hunden. Dort fühlte er sich wohl. Ganz anders, wenn es auf den Mann ging. Der Mann, der sich im speziell gefütterten Ledermantel dafür zur Verfügung stellte, bekam sehr großen Respekt. Er konnte den Umhang kaum so schnell anziehen, wie ihm der sonst so gutmütige Boxer am Arm hing. Sich herumschleudern ließ, alles mit sich machen ließ, aber nicht wieder losließ. Ganz anders als die Schäferhunde, die kurz zubissen, losließen, Abstand nahmen, den vermeintlichen Gegner verbellten und auf das Kommando ›Aus‹ ihrer Herrchen warteten. Für unseren Hund schien das ein großartiges Spiel zu sein, das er freiwillig nicht aufgeben mochte. Erst mehrere laute Befehle konnten ihn zum zögerlichen Nachlassen seiner Beißtätigkeit bewegen. Wir zerrten ihn dann an der Leine fort, wobei er sich mehrmals umdrehte, knurrte und sofort wieder auf den Mann gesprungen wäre, wenn wir ihn nicht festgehalten hätten. Der Trainer wischte sich den Schweiß von der Stirn und zog den Mantel erst im sicheren Klubheim (unsichtbar für den Hund) aus. Den Job könne eigentlich auch mal ein anderer übernehmen, meinte er später beim Bier, während ihm der Boxer freundschaftlich die Pfote aufs Knie legte. Ist das derselbe Hund?, fragte der Mann, als er wieder lächeln konnte.

Dieser ›andere‹ Hund tat nichts lieber als mit uns im Schwerter Wald spazieren zu gehen. Damals konnte man ihn noch laufen lassen, es war keine Leine nötig. Der Boxer machte alle Wege doppelt und dreifach, schleuderte ab und zu den Seiber, der sich zwischen seinen schwarzen Lefzen gebildet hatte, zur Seite. Diesen Geschossen musste man nach Möglichkeit ausweichen. Die schmale Landstraße zwischen Hörde, wo noch der Hochofen arbeitete und die Schlote des ›Phönix‹ dampften, wo dreimal am Tag die Sirene die Arbeiter zum Werk rief, um sechs Uhr morgens, mittags um zwei und am Abend um zehn, und Schwerte, das über den Berg im Ruhrtal vor sich hin schlief, diese Straße konnten wir gefahrlos überqueren, da sich der Autoverkehr in Grenzen hielt. Das hat sich gewaltig verändert. Für unser Dorf musste eine untertunnelte Umgehungsstraße gebaut werden, trotzdem ist der Autoverkehr überall präsent, und weil manchmal große Hunde kleine Kinder beißen, müssen die Tiere heute Maulkörbe tragen. Das hätten wir bei unserem Boxer nicht geschafft – ihm einen Maulkorb anzulegen! Wo er doch die Kinder mochte und sie morgens am Gartentor begrüßte, wenn sie zur Schule gingen.

Eine weitere der angeblich wichtigen Übungen für die Hunde bestand darin, über eine drei Meter breite und zwei Meter hohe Bretterwand zu springen, um einen falschen Knochen, der darüber geworfen wurde, zu holen. Die Schäferhunde machten das mit Begeisterung. Quälten sich mit den Vorderpfoten bis zur oberen Kante der Wand, zogen sich hoch und drückten sich mit den Hinterpfoten ab, um auf der anderen Seite hinunterzuspringen. Sie schnappten sich den Knochen, liefen auf dem Rückweg an der Wand vorbei. Das genügte den Experten. Nur Cora, die klügste und beste Schäferhündin, wie es hieß, sprang auch auf dem Rückweg über das Hindernis. Vielleicht machte es ihr Spaß.

Unser Hund schaute sich das an, schien zu überlegen, ging dann gemächlich an der Wand vorbei, nahm den falschen Knochen (auch noch einen falschen, muss er gedacht haben) und legte ihn unwillig vor unsere Füße. Wahrscheinlich war es nur seiner Gutmütigkeit zu verdanken, dass er sich mit diesem Kunststoffding überhaupt beschäftigte. Das schien kein vernünftiges Spiel für einen Boxer zu sein. Es gelang weder uns noch den anderen Vereinsmitgliedern, ihn über die Bretterwand zu bekommen.

Da mit der Zeit im Verein der Bierkonsum stieg, unser Hund und wir uns zunehmend langweilten und er nun wirklich nicht über die Wand wollte, befreiten wir ihn von diesen Zwangsmaßnahmen. Gehorchen tat er ja. Außer es überkam ihn der Schalk. Dann war nichts zu machen mit Befehlen. Seine Augen blitzten – das war eins seiner Spiele, mit denen er uns zeigte, wer über das Gehorchen entschied.

Erst Jahre später begriff ich, was ich auf dem Hundeplatz gelernt hatte. Dass man Befehlen nicht unbedingt gehorchen sollte und Hindernisse zu umgehen sind. Was auch Aki Schmidt stets beherzigt hatte, wenn er die gegnerischen Verteidiger umdribbelte und den Ball, unhaltbar, in leichtem Bogen in das Tor drosch.

Ulrich Straeter kämpft sich als Autor unter seinem Namen, der im Personalausweis steht (ob das stimmt?), als Amanda Fuchs, tremonius oder rumpelstilzchen durch die Niederungen der Literaturszene, ungefähr seit 1976. Er veröffentlichte inzwischen etliche eigene Bücher, Geschichten und Gedichte in Anthologien und gab auch Bücher heraus. Auf den Hund gekommen ist er nur einmal im Leben, als seine Eltern in den 50er Jahren des vorigen Jahrhunderts einen Boxer anschafften, der sich als fünftes Mitglied der Familie raffiniert in alle Zusammenhänge einfädelte.

T. D. Reda
Doktor Jack

Willi war eine Promenadenmischung, wie sie seit Langem diesseits und
jenseits der Ruhr zum völlig normalen Straßenbild gehört. In der Nachbarschaft war bekannt, dass es sich bei dem Blut in Willis Adern um eine
brisante Mischung aus slawischer Berechnung, deutscher Gründlichkeit
und heiß-brodelndem mediterranen Temperament handelte. Wenn man
darauf achtete, konnte man ihm seine widersprüchlichen Gene regelrecht
ansehen. Sein Gang war aufrecht, und sein Schritt stramm wie der eines
russischen Aristokraten aus einem Tolstoi-Roman; und die Pünktlichkeit,
mit der er jeden Abend an unserem Haus vorbeistolziert kam, konnte deutscher nicht sein. Dabei ging gleichzeitig so oft sein heißblütiges
Temperament mit ihm durch, dass nicht wenige, die ihn kannten, schon
schmunzeln mussten, wenn sie Willi nur von Weitem sahen. Die kleinste
Kleinigkeit reichte aus, um ihn völlig außer Rand und Band zu bringen.
Ich wurde oft Zeuge von heftigen Auseinandersetzungen, die Willi mit
Radfahrern auf dem Bürgersteig hatte und mit zu schnellen Autofahrern
und Falschparkern und Joggern und ballspielenden Kindern. Meine Frau
meinte immer, er sei cholerisch, und ging ihm lieber aus dem Weg. Aber
ich verstand mich mit Willi ganz gut. Wir trafen uns gelegentlich am
Gartenzaun.
Willi selbst redete nicht gerne über seine Herkunft. Aber in mühsamen
Gesprächen konnte ich ihm entlocken, dass einer seiner Großväter Spa-
nier und der andere Deutscher war und dass eine Oma aus Russland und
die andere aus Süditalien kam. Allerdings habe ich nie erfahren, wer sich
mit wem gepaart hatte, was im Resultat wohl auch ziemlich egal war.
Willi sagte immer, er sei halt wie sein Hund Jack: von allem ein bisschen.
Jack war ein schwarz-brauner, etwa kniehoher Mischling, mit kurzem Fell
und neugierigen Augen. Mit ihm spazierte Willi jeden Abend an unserem
Haus vorbei, und wenn ich gerade im Garten zu tun hatte, quatschte
ich mit ihm und streichelte seinen Hund. Jack war ein ruhiger Gesel-
le. Wenn sein Herrchen einen Radfahrer auf dem Bürgersteig anpöbelte,
dann saß er gelangweilt daneben, und wenn Willi sich Autokennzeichen
notierte, wartete Jack geduldig, bis Stift und Block wieder eingesteckt
waren und es weiterging. Er ließ sich nicht die Bohne von der Aufregung
seines Herrchens anstecken, sondern schnüffelte lieber an allem, was sich

ihm auf dem Boden bot. Mit gesenkter Nase erforschte Jack seine Umwelt, während sein Herrchen mit den Säbeln rasselte und eine große Klappe an den Tag legte.

Im letzten Monat waren Willi und Jack eine ganze Weile lang nicht an unserem Haus vorbeispaziert. Ich fing bereits an, mir Sorgen zu machen, und wollte schon nachsehen gehen, ob bei dem alten Mann alles in Ordnung wäre. Aber dann stand er letzten Sonnabend wieder mit Jack vor meinem Gartenzaun und erzählte mir, was ihm passiert war:

Willi und Jack hatten abends vor dem Fernseher gesessen, Jack mit seinem Kopf in Herrchens Schoß, als der Hund plötzlich ganz jämmerlich zu janken anfing und Willi aus so tieftraurigen Augen ansah, wie nur Hunde es können. Willi dachte, dem Hund ginge es nicht gut, und wurde ganz nervös. Mit einem Taxi fuhr er zum Notdienst in die Tierklinik, wo sie Jack abtasteten und ihn sogar geröntgt und ihm Blut abgenommen haben. Aber dem Jack fehlte nichts.

Nach einer unruhigen Nacht, in der Jack dauernd auf und ab gelaufen war, verhielt er sich auch den ganzen nächsten Tag über sehr merkwürdig. Willi erzählte, wie der Hund den ganzen Vormittag immer wieder vor ihm gestanden und ihn angeknurrt habe. Und wenn Willi sich hinsetzte, sei er wütend von ihm angekläfft worden. Das Benehmen des Hundes machte Willi Sorgen, so hatte Jack sich noch nie aufgeführt. Willi war ziemlich ratlos. Gegen Mittag gingen sie wie gewöhnlich einmal um den Block, und Jack wirkte auf ihn wieder völlig normal. Er schnupperte und setzte Marken und hatte festen Stuhl. Wie immer bekam Jack nach dem Spaziergang eine kleine Dose Kitekat. Er liebte Katzenfutter, besonders mit Thunfisch, und wie an jedem anderen Tag verschlang er auch diesmal den kleinen Happen in Nullkommanix. Danach hielten die beiden Mittagsschlaf auf der Couch.

Jacks aufgeregtes Bellen weckte Willi aus einem tiefen Schlaf. Er brauchte einen Moment, um klar sehen zu können. Er rieb sich die Augen und griff nach seiner Brille. Jack saß zwischen seinen Beinen und kläffte zähnefletschend Willis Bauch an. Es war so ein kehliges, galliges Kläffen, eines von der Sorte, bei dem auch Hunde-Laien sofort kapieren: Dieser Hund meint es ernst. Willi beruhigte Jack, streichelte ihn und redete ihm gut zu. Und tatsächlich hörte Jack auf zu bellen und leckte fiepend die Hand seines Herrchens.

Willi wollte sich aufrichten, um sich Jack genauer anzusehen, als er plötzlich einen fiesen Stich in der Seite spürte. Erschrocken krümmte er sich, in der Hoffnung, so dem Stich entgegenzuwirken, doch der Schmerz verschlimmerte sich nur. Jack fing sofort wieder an zu bellen. Eher überrascht als ängstlich, sah Willi erst auf seinem Bauch und dann fragend auf Jack. Der Hund schnappte nach genau der Stelle, wo es weh tat, als wüsste er, dass dort etwas Böses geschah, und knurrte sie grollend an.

Der stechende Schmerz ließ schnell nach, doch Willi steckte der Schreck jetzt in den Gliedern. Es war weniger das Stechen als viel mehr das Verhalten seines Hundes, das ihn irritierte. So böse hatte er seinen sonst so lieben Mischling noch nie erlebt. Den heftigen, aber nur kurzen Schmerz hätte er wieder vergessen. Er war nicht mehr der Jüngste, und gelegentlich tat einem dann halt mal was weh. Aber wie Jack seine Lefzen hochgezogen und Willis Bauch seine Zähne gezeigt hatte, das machte ihm Angst. Wenn einer wusste, wie unglaublich gut Jacks Nase war, dann war er das.

Noch am selben Tag ging Willi zum Arzt, der ihn umgehend im Unfallwagen ins Krankenhaus schickte. In Willis Magen drohte ein Magengeschwür zu platzen. Das hätte ihn das Leben kosten können. Da es jedoch dank Jacks hartnäckigem Verbellen rechtzeitig erkannt wurde, war es nur ein kleiner chirurgischer Eingriff, den Willi über sich ergehen lassen musste. Noch im Krankenbett versprach er in seiner überschwänglichen Dankbarkeit der Welt, dem Universum und sogar Gott zwei Dinge: erstens, sich nie wieder aufzuregen; und zweitens, Jack den größten Knochen zu kaufen, den je ein Hund bekommen hat.

Ich bin ein Produkt des Ruhrpotts und habe über das Schreiben meinen Frieden mit dieser Tatsache gemacht. Hier liegen die Geschichten auf den Straßen, man muss nur hinhören. Hunde sind beneidenswerte Geschöpfe, weil sie vorbehaltlos lieben können.

Helmut Rinke
Der beste Freund

Nicht jeder hat einen besten Freund. Aber wer einen hat, für den gehört er zum Existenzminimum. Das hat das Verwaltungsgericht in Gelsenkirchen kürzlich festgestellt. Die Klage zu dem Verfahren nahm einen kurzen Weg. Sie kam aus Dortmund. Wer jetzt an Schalke und Borussia denkt, liegt falsch. Es ging in dem Urteil nicht um Freundschaften unter Fußballfans, schon gar nicht, wenn der eine Blau-Weiß und der andere Schwarz-Gelb hochhält.

Über den Spruch aus Gelsenkirchen muss man nachdenken. Da ist etwas dran. Wer keinen besten Freund hat, dem fehlt etwas. Einen besten Freund braucht jeder. Dem kann man erzählen, was einem auf der Seele brennt oder am Herzen liegt. Er vermittelt Nähe und Wärme, ist immer da, wenn man ihn braucht, und geht mit einem durch dick und dünn. Wer den nicht hat, »der stehle weinend sich aus diesem Bund«. So sah es Schiller.

Dieser beste Freund darf, wie das Gericht entschieden hat, bei Personen mit schmalem Einkommen nicht besteuert werden. Der Wunsch, einen Hund zu halten, so die Richter, falle unter die geschützte Handlungsfreiheit des Menschen, gehöre zu seinem Existenzminimum und dürfe ihm daher durch die Erhebung von Hundesteuer nicht verwehrt werden. Richtig so! Der beste Freund darf nicht weggesteuert werden. Wirksam allerdings ist der Spruch noch nicht. Es versteht sich, dass die einnahmebedürftigen Kommunen in Berufung gegangen sind. Und das kann dauern.

Das Urteil wirft viele Fragen auf. Gilt es für alle Hunde, für den niedlichen Mischling, dem Frauchen als Kälteschutz ein Wollwämschen überstreift, für die vierbeinige Kackmaschine, die mit gut verteilten Tretminen Zweibeiner auf Gehwegen zum Slalom zwingt, für das langbeinige Mondkalb, das mit seinen hochgezüchteten Laufwerkzeugen mühsam daherstakst, und auch für den Zähne fletschenden Kampfhund, der seinem Bändiger das Gefühl gibt, ein ganzer Kerl zu sein?

Welche Hunde, die so herumlaufen, sind eigentlich versteuert? Hundesteuermarken sind oft nur schwer zu erkennen. Jeder dritte, heißt es in meiner Stadt, laufe – fiskalisch gesehen – schwarz herum, auch wenn er eine weiße Tarnfarbe habe. Werden nicht alle, die nach dem Urteil des Gerichtes künftig noch Hundesteuer bezahlen müssen, diese umso eher als eine Gebühr für das Vorrecht ansehen, öffentliche Wege verminen zu dürfen. Nur steuerfreie Hunde, so könnten die Argumente kommen, dürften das nicht. Halten sich etwa die Kommunen für die ausgefallene Steuer mit Bußgeldern schadlos, indem sie verstärkt Kacksünder verfolgen? Fragen über Fragen, die das Urteil des Gelsenkirchener Gerichts nach sich zieht und die den Hundefreund zum Grübeln bringen.

Wie stehen eigentlich die vierbeinigen Besteuerungsobjekte selbst dazu? Mein Vasco tat vor Jahren entschieden seine Meinung über das steuerliche Interesse der Gemeinde an seiner Spezies kund. Der Hund stürzte sich auf einen Brief, der gerade durch den Türschlitz geworfen worden war, und zerfetzte ihn unter wütendem Gebell. Beim Versuch, die Schnipsel wieder zusammenzufügen, erkannte ich: Es handelte sich um den Hundesteuerbescheid. Der Betrag war zwar noch lesbar, das Fälligkeitsdatum auch, aber das Geschäftszeichen nicht. Das hatte Vasco wohl gefressen. Er war eben ein politisch denkender und handelnder Hund, mein Vasco, der sich mit ganzer Kraft für seine Interessen einsetzte und dabei dem Zeitgeist folgte: »Macht kaputt, was euch kaputt macht!«

Der Sachbearbeiter bei der Stadtkasse glaubte zunächst, ich wolle ihn per Telefon auf den Arm nehmen, als ich ihm meldete, der Steuergegenstand Vasco habe den Steuerbescheid gefressen. Dann sagte er mir zu, eine Zweitschrift zu schicken, bat mich aber, den Hund bis zum Eintreffen des Papiers kurz zu halten.

Helmut Rinke, geboren 1938, lebt in Witten; bis 2002 Lehrer am Berufskolleg des EN-Kreises in Witten. Schreibt vorwiegend Kurzprosa, auch Chroniken und Gedichte. Mitglied des Wittener Autorentreffs.

Lena Buhla
La Puce

Hallo, mein Name ist Puce. Das bedeutet Floh. Und genau das ist es, was ich bin. Stolze 1,65 mm groß und stattlich gebaut. Naja, in meiner Umgebung ist einiges noch größer als ich. Salopp gesagt: so ziemlich alles. Ich lebe nämlich auf einem Bauernhof in einem kleinen Dorf ungefähr gar nicht so weit vom Ruhrgebiet entfernt. Bei uns gibt es immer etwas Gutes zu knabbern; ob es eine Kuh, ein Schwein oder ein Hund sein soll, entscheide ich von Mahlzeit zu Mahlzeit neu.

Vor einiger Zeit sprang ich mal wieder unentschlossen über den Hof und war mir noch nicht ganz sicher, worauf ich heute Appetit hatte. Die Schweine? Nein, die hatten am Morgen Mais zu fressen bekommen; den mochte ich nicht so gern. Und die Kühe waren noch nicht gemolken; dann waren sie immer so gereizt. Überhaupt hätte ich lieber etwas mit einem längeren Fell gehabt, wo es zu dieser kalten Jahreszeit, immerhin war es ein paar Wochen vor Weihnachten, so richtig mollig warm war. Da müsste doch die Hündin ein geeigneter Platz sein! Und so machte ich mich auf den Weg.

Als ich in den Zwinger kam, in dem die große Leonberger Hündin wohnte, platzte ich mitten in das reinste Familienglück. Der Besitzer des Hofes rieb gerade glücklich fünf neugeborene Welpen trocken, daneben lag die Mutter erschöpft auf einer Decke. Zu meinem Erstaunen waren nur zwei der Welpen ihrer Mutter wie aus dem Gesicht geschnitten. Die anderen drei hatten die unterschiedlichsten Farben. Einer von ihnen weiß, mit vielen kleinen braunen Tupfern, der zweite war beige und der dritte, der stach mir sofort ins Auge. Sein Kopf war auf der einen Seite tiefschwarz und um das andere Auge herum ebenso dunkel, und über der feuchten Nase prangte ein schwarzer Fleck. Er hatte das längste und seidigste weiße Fell von allen. Das ist meiner!, dachte ich glücklich und sprang mit wenigen Sätzen zu dem Kleinen hinüber. Sobald ich mich in das weiche Fell fallen gelassen hatte, seufzte ich auf. Das war der richtige Ort für mich. Hier konnte mich nichts mehr wegbewegen. Zum Glück hatte auch seine Mutter nichts gegen unsere Freundschaft einzuwenden. Und so kam es, dass ich mich mit dem Kleinen anfreundete, den die Menschen nur »Nummer 3« nannten, denn die Welpen wurden nach ihrer Geburt direkt durchnummeriert, um sie unterscheiden zu können.

Eines Tages, es fand gerade der alljährliche Weihnachtsmarkt statt, kam eine kleine Familie, ein Ehepaar und dessen zwei Kinder, zu uns herüber. Nummer 3 spielte gerade mit seinen Geschwistern. Nummer 2 lag halb über ihm, sodass ich aufpassen musste, nicht zerdrückt zu werden.

»Oh, der ist aber süß!«, rief der Junge und deutete auf Nummer 4. »Nein! Der da ist doch viel süßer!«, rief das kleine Mädchen. »Können wir einen mitnehmen?« – »Oh ja, bitte!«, riefen beide Kinder durcheinander und zogen und zerrten an ihren Eltern herum. »Jetzt wird es interessant«, raunte ich Nummer 3 zu, dann krabbelte ich auf die Nase meines Freundes, von wo ich den besten Ausblick hatte. »Auf gar keinen Fall!«, sagte der Vater entsetzt. »Guck dir nur dieses … dieses Tier an!«

Ich zuckte zusammen. Auf die Art, wie der Mann das Wort gesagt hatte, klang es gar nicht gut.

»Otto! Die Kinder brauchen jemanden zum Spielen, und meines Wissens sind Leonberger sehr sanftmütig.« – »Dieser Koloss!?« Die Frau nickte nur und sah ihren Mann flehentlich an. Schließlich gab er auf und seufzte: »Nun gut, ich frage den Bauern. Schaut ihr doch schon mal, welcher von denen euch am besten gefällt.« Damit drehte er sich um und ging davon.

Bis dahin war mir überhaupt nicht klar gewesen, was für weit reichende Folgen dieser Moment für mein junges Leben haben sollte.

Und dann geschah es. Die Zwingertür wurde geöffnet, und zu dritt stürmten sie auf uns zu. Wer nicht schnell genug war, wurde eingefangen und genau betrachtet.

»Schnell! In die Hütte!«, rief ich meinem Freund ins Ohr. Er rannte auf den Eingang des Unterschlupfs zu, doch es war zu spät. Das kleine Mädchen verstellte uns den Weg und griff Nummer 3 unter den Bauch, um ihn hochzuheben. Ich krallte mich verzweifelt in dem Fell fest, um nicht runterzufallen. »Mama, Mama, das hier ist der Schönste!« Oh, oh! Das Mädchen rannte mit uns auf dem Arm zu ihrer Mutter hinüber. »Das ist er in der Tat. Und wir nennen dich Alfi, nach Alfried Krupp«, erklärte die Mutter stolz. »In ein paar Wochen kommst du mit zu uns nach Bottrop in den Ruhrpott.«

Und dann war es soweit: Die Familie kam, um Nummer 3 – jetzt Alfi – abzuholen. Mittlerweile war es Frühling geworden, und sowohl Alfi als auch ich waren gealtert. Nur zeigte sich das bei uns auf unterschiedliche Weise: Während Alfi in Höhe und Breite geschossen war, merkte ich deutlich, dass ich nicht jünger wurde. So konnte ich zum Beispiel nicht mehr so weit springen, was es schwieriger machte, an mein großes Essen zu kommen. Immerhin war ich mit meinen zehn Monaten schon ein erwachsener Floh. Sollte ich nun hier auf dem Hof bei all den guten Snacks bleiben oder mit meinem jungen Freund mitziehen?

Die Menschen legten Alfi ein braunes Halsband um, und ich kletterte rasch hinter sein Ohr. »Na komm«, sagte der Mann und führte ihn zu dem Kofferraum seines Autos. Die Zeit wurde knapp, ich musste eine Entscheidung treffen. Mein Blick flog in den dunklen, sperrigen Kofferraum, dann wieder zu dem hellen, offenen Hof. Da wurde mir meine Entscheidung abgenommen. »Und hepp!«, sagt der Mann und hob Alfi ins Auto. Ich klammerte mich weiterhin im Fell meines Freundes fest. Dann schlug der Mann die Klappe zu. Mist, wenn das mal nur die richtige Wahl war!

Doch wie sich herausstellte, war unser Leben bei der neuen Familie in Bottrop besser als je zuvor. Nur das Duschen war ein bisschen kompliziert, dann musste ich mich immer ganz vorne auf der Nase verstecken, damit die Menschen mich nicht fanden.

Doch alles in allem gefiel es uns dort. Die Frau ging jeden Tag mehrmals mit uns spazieren. So sahen wir viel von unserer neuen Heimat, und jedes Mal entdeckten wir etwas Neues oder trafen andere Hunde. Am Wochenende standen Besuche im Movie Park Germany oder beim Glockenspiel in der Nähe des Pferdemarktes mit der ganzen Familie an. Wenn ich mal keine Zeit hatte, Alfi und sein Frauchen zu begleiten, weil ich mir etwas zu essen suchen musste, schließlich wollte ich meinen besten Freund ja nicht beißen, erzählte mir Alfi abends, wenn wir zusammen in seinem Körbchen lagen, was er an diesem Tag erlebt hatte.

Alles schien perfekt – bis die Tochter eines Tages mit einem Flyer in der Hand nach Hause kam, auf dem ein Casting für ein Bild auf dem Cover eines Ruhrgebiets-Hundekalenders angekündigt wurde. Die folgende Woche wurde dann zu einem Alptraum für mich. Alfi wurde gewaschen, gebürstet, das Fell gestutzt und parfümiert, ihm wurden die Krallen geschnitten und ein neues Halsband samt Leine gekauft. Und es gab kaum eine Möglichkeit, den vielen Mittelchen und Bürsten zu entkommen.

Schließlich war er da, der große Tag. Wir fuhren schon morgens im Auto die Halde hinauf zum Tetraeder, wo das Casting stattfinden sollte. Dort herrschte großer Trubel. Viele Hunde drängten sich zu den Wassernäpfen und auf die Zuschauertribüne, die notdürftig aus ein paar Ballen Stroh gebaut worden war. Manche Hunde hatten Glück und ergatterten einen der vielen Plätze in Hundekörbchen verschiedener Größen, in denen sie sich genießerisch in die Sonne legten.

Der Wettbewerb an sich war schneller vorbei, als wir erwartet hatten. Alfi musste auf einem abgesperrten Platz neben seinem Herrchen herlaufen und wurde nach Gang, Gepflegtheit und Körperbau bewertet. Beim Laufen flüsterte ich ihm immer wieder hilfreiche Tipps zur Körperhaltung ins Ohr und warnte ihn vor Unebenheiten im Boden. Und tatsächlich: Der Gewinner war Alfi. Mein Alfi!

Stolz machte ich auf seiner Nase verschiedene Siegerposen, als das Foto für den Kalender geschossen wurde. So teilten mein bester Freund und ich uns den ersten Platz. Wenn ihr mir nicht glaubt, dass ich dabei war, schnappt euch eine Lupe und schaut selbst nach. Und eines versichere ich euch: Auch wenn ich vielleicht für eure Augen viel zu klein bin: Ich sah trotz meines hohen Alters blendend gut aus!

Lena Buhla wurde 1996 in Borken geboren. Momentan ist sie Schülerin mit dem Berufswunsch Lektorin und strebt ihr Abitur an. Sie lebt mit ihren Eltern und ihrem Bruder im westlichen Münsterland.

Reinhard Irskens
Ommas Lorbass

Es gibt Geschichten aus dem Pott, die sind an den Haaren herbeigezogen, Öperkes eben. Da kann man die Hälfte streichen, und das ist auch noch geschmeichelt. Wenn aber unser Omma Geschichten erzählte, dann war da was dran, dann hörten wir Kinder gespannt zu, denn Omma war 'ne ährliche Haut, wie die Leute im Ruhrgebiet zu sagen pflegen.

Es war die Zeit, als auf der Zeche Bonifacius in Essen-Kray noch 2600 Bergleute beschäftigt waren, ca. 800 000 Tonnen Kohle im Jahr gefördert wurden, als wir Kinder oft ermahnt wurden, nicht vor Krämers Fenster auf dem Bürgersteig zu spielen. »Ruhe, Vadder hat Nachtschicht«, hörten wir seine Tochter Ellen rufen. Es war die Zeit, als die frisch gewaschene Wäsche im Hinterhof unter einem aschegrauen Himmel im leichten Sommerwind vor sich hin trocknete. Schwarze Stippen lagen auf Unterhosen, Tischdecken, Blusen und Laken.

Wenn unser Omma zwischen ihren Hausarbeiten Zeit fand, erzählte sie zum Beispiel von ihrem Hund Lorbass. Eigentlich hieß der Max, aber den Namen hat Omma nie gebraucht. Dafür verwöhnte sie ihn so, dass alle anderen die Köpfe schüttelten. Max war ein wunderbarer Wolfsspitz mit dichtem Fell und muss wohl damals ungefähr zwölf Jahre alt gewesen sein. Mag sein, dass das ein Grund für Ommas Großmut war. In ihren Geschichten war Lorbass oft der Held, manchmal ein recht zweifelhafter. Wie in der Geschichte mit den Pellkartoffeln:

Omma hatte sich bereit erklärt, zum Geburtstag des ollen Karl Koslowski ihren allerseits gepriesenen Kartoffelsalat beizusteuern. »Dreißig Leute«, erzählte sie, »hatten sich angesagt, um den Karl hochleben zu lassen. Den ganzen Tag habe ich Kartoffeln gepellt.« Und dann hatte sie die riesige Menge Kartoffelsalat fertig gemacht. Am nächsten Tag kam Nachbar Heinrich Birkenkamp, ein kräftiger Mann mit abstehenden Ohren, der, wenn's brannte, bei der freiwilligen Feuerwehr half. Nachbar Birkenkamp schnappte sich die große Schüssel mit dem Kartoffelsalat und stapfte in Richtung Haustür. Lorbass mochte diesen Mann nicht; warum, konnte niemand erklären. Immer wenn er ihn erwischen konnte, hing er ihm am Hosenbein. Dieses Mal war es das rechte, und Heinrich, weil er die Hände besetzt hatte und der Hund auf Ommas Rufe nicht reagierte, versuchte verzweifelt, ihn mit Schüttelbewegungen vom Bein loszubekommen. Doch der Hund hielt fest. Birkenkamp schaffte, mit Schüssel und Hund, noch die drei Stufen der Vortreppe. Er wollte in Richtung Gartentor, kam aber genau vor Ommas Küchenfenster zu Fall. Birkenkamp schrie auf, weniger wegen seines Beins, denn Lorbass war blitzschnell weggesprungen, sondern wegen des Kartoffelsalats. Die Schüssel lag kopfüber auf der Erde, ein Teil des Kartoffelsalats hatte sich davongemacht. Lorbass schlich bereits vorsichtig heran, um sich seinen Teil zu holen.

Heinrich Birkenkamp gelang es, begleitet von Ommas hellem Lachen, den größten Teil des Kartoffelsalates zu retten und an sein Ziel zu bringen. Er wurde gelobt, Karl Koslowsky wurde ausgiebig gefeiert, und alle Gäste labten sich am Kartoffelsalat, der mit den entsprechenden Mengen Bier zusammen noch mal so gut schmeckte.

»Ich habe nichts davon gegessen«, erzählte Omma und schmunzelte. »Wisst ihr, wohin die Schüssel gefallen war? Genau an die Stelle, wohin der Lorbass immer pinkelte!«

Reinhard Irskens, geboren 10.05.1949 in Essen-Kray. Städtischer Angestellter. Hobbys : Fotografieren, Reisen, Schreiben. Buch: Hommage an die Provence. Diverse Hörbücher.

Inge Meyer-Dietrich
Von Charly und seinem Hund Rumba

Endlich, endlich wird es Frühling. Eines Mittags sitzt Plascha über ihren Rechenaufgaben, da hört sie Charlys Flöte. Schon ist sie aus der Tür und läuft ihm entgegen, seit letzten Herbst hat sie ihn nicht mehr gesehen. Jetzt fällt ihr auf, dass sie den Charly vermisst hat wie die Helligkeit am Morgen und das Singen der Vögel.

»Lumpen, Eisen, Knochen und Papier«, ruft Charly. »Ich zahle den höchsten Preis dafür.«

Es ist mehr ein Singen als ein Rufen, und Charly ist schon ganz nah.

Außer Atem biegt Plascha in die Germaniastraße ein, Lisbeth kommt ihr von der anderen Seite entgegen.

Charly spielt noch einen verrückten Triller, dann bringt er seinen Wagen neben den Kindern zum Stehen, springt vom Kutschbock herunter und zieht seinen schwarzen Zylinderhut. Ein kleiner strubbeliger Hund streckt seinen Kopf hinten unter der Plane hervor, lässt ein fröhliches Gebell hören und springt mit einem Satz aus dem Wagen.

Die Mädchen wissen nicht, wen sie zuerst begrüßen sollen, Charly oder seinen strubbeligen Rumba.

»Guten Tag, meine Schönen!« Charly hebt die Mädchen nacheinander auf den Kutschbock und Rumba hinterher, der macht es sich auf Plaschas Schoß gemütlich.

»Charly, wo bist du so lange gewesen?« Plascha sieht ihn mit leuchtenden Augen an.

»Ich bin ein Zugvogel, das weißt du doch«, sagt Charly.

»Und Flötenspieler, Schrotthändler, Einmannzirkusdirektor und …« Plascha kennt sonst keinen wie den Charly. Er hat keinen festen Beruf und keinen Ort, wo er wohnt, er zieht mit seinem Wagen durch die Lande und handelt mit Schrott. Er hat seinen Hund, der eine Menge Kunststücke kann, mit dem gibt Charly manchmal Zirkusvorstellungen auf Marktplätzen und Schulhöfen, und er schluckt Feuer, fährt Einrad, und zaubern kann er auch. Von alledem lebt er, meistens mehr schlecht als recht.

»Warum bist du so lange weggeblieben?«, fragt Plascha.

»Was krieg ich hier schon bei Schnee und Eis«, sagt Charly. »Die Lumpen hängen sich die Leute um oder machen noch irgendwas daraus, seit es keine ordentlichen Stoffe mehr gibt. Das Eisen und andere Metalle sind längst für Waffen verbraucht. Und Zirkusvorstellungen kann ich bei Eis und Schnee ja auch nicht geben ohne Zelt.«

»Was hast du denn im Winter gemacht?«, will Plascha wissen.

»Ich bin in Holland bei einem kleinen Zirkus gewesen. Amsterdam und Rotterdam und viele kleinere Orte, Häfen vor allem. Rumba und ich hatten unseren Spaß dabei, reich sind wir nicht geworden, aber immer satt, und das ist doch was wert, oder?«

»Hast du neue Kunststücke gelernt?«, fragt Plascha.

»Wir haben einiges ausprobiert, Rumba und ich.«

»Kannst du nicht eine Vorstellung geben, gleich jetzt, bitte!«, sagt Plascha. »Lisbeth und ich könnten nachher mit deinem Zylinderhut rumgehen und Geld einsammeln.«

Charly guckt zweifelnd zur Sonne. Aber dann zwinkert er seinem Hund auffordernd zu. »Rumba, magst du deinen Freundinnen eine kleine Vorstellung geben, mal zeigen, was wir in Holland ausprobiert haben?«

Rumba bellt.

»Also bist du einverstanden«, sagt Charly.

Als sie einen geeigneten Platz gefunden haben, bringt Charly Pferd und Wagen in den Schatten, holt sein Einrad heraus und fährt kreuz und quer über den Platz, in Achten und Schleifen, immer schneller, und Rumba läuft hinter ihm her, schlägt Purzelbäume und versucht vergebens, den Charly einzuholen. Die Leute bleiben mit offenem Mund stehen und staunen über Charly oder lachen über Rumba.

»Aufgepasst, aufgepasst!«, schreit Charly. »Sie sehen den berühmtesten Ein-Mann-und-ein-Hund-Zirkus Europas. Bleiben Sie und überzeugen Sie sich selbst!«

Von allen Seiten kommen Neugierige gelaufen. Charly verschwindet mit Rumba in seinem Planwagen, kehrt als rot-weiß gestreifter Clown zurück, und auch sein Strubbelhund sieht auf einmal aus wie ein Clown mit der Halskrause und dem winzigen Hütchen auf dem rechten Ohr.

Schon geht es los: Charly spielt einen Walzer auf seiner Flöte und Rumba will dazu tanzen, doch er kommt immer wieder aus dem Takt. Dann spielt Charly verkehrt, weil er Rumba die Tanzschritte vormachen muss, und sie stolpern über ihre eigenen Beine und einer über den anderen und überbieten sich gegenseitig an Tollpatschigkeit. Die Leute auf dem Platz johlen vor Vergnügen.

»Und jetzt sehen Sie unsere besten Zauberkunststücke«, ruft Charly, nachdem die Clownsnummer beendet ist. »Monatelang haben wir dafür trainiert.« Sie zaubern mit Spielkarten und Zeitungen, mit dicken und dünnen Schnüren, die sie verkürzen und verlängern, bis sie auf einmal wieder alle gleich lang sind – und keiner weiß, wie. Aus Rumbas Nase wächst eine purpurrote Papierblume, wächst und wächst auf unerklärliche Weise. »Halten Sie Ihre Geldbeutel ganz fest, wenn Sie welche dabeihaben«, ruft Charly. »Unbedingt festhalten, sonst …«

Plascha sieht, wie manche Leute schnell in ihre Taschen greifen, aber inzwischen hat Charly den Rumba dreimal mit seinem blau-silbern glänzenden Zauberstab berührt und eine Zauberformel gemurmelt. Rumba macht die Schnauze auf und hat einen Geldbeutel zwischen den Zähnen. »Das ist meiner!«, schreit ein Mann aus der ersten Zuschauerreihe.

»Keine Sorge.« Charly versucht, den aufgeregten Mann zu beruhigen. »Rumba ist ein ehrlicher Hund, Sie kriegen ihr Geld sofort zurück!«

Rumba legt dem verdatterten Mann das Portemonnaie vor die Füße.

»Hab ich's Ihnen nicht gesagt?«, ruft Charly vergnügt. »Halten Sie Ihre Geldbeutel fest, mein Zauberstab bringt unglaubliche Dinge zustande. Aber wenn Ihnen unsere Vorstellung gefallen hat, vielleicht machen Sie Ihren Geldbeutel auch auf und greifen hinein für uns Artisten, bevor wir zum Höhepunkt unserer Vorstellung kommen!«

Charly und Rumba verbeugen sich vor dem Publikum, dann wirft Charly seinen Zylinderhut Plascha zu. Sie geht mit Lisbeth durch die Reihen, und die beiden Mädchen freuen sich, weil die Leute so freigebig sind. Manche laufen extra nach Hause und holen einen Groschen oder zwei, und der Metzger bringt eine Wurst für Charly und einen Fleischknochen für Rumba.

Jetzt warten alle gespannt auf den angekündigten Höhepunkt.

Charly wird zum furchtlosen Dompteur und der kleine strubbelige Hund verwandelt sich mit einem Mal in ein wildes Tier, er knurrt und brüllt und sein Fell sträubt sich, drohend fletscht er die Zähne. Erschrocken weichen die Leute zurück, so gefährlich sieht Rumba aus.

Mit sanfter Stimme redet der Dompteur auf ihn ein, wagt sich schrittchenweise an ihn heran, bis das Raubtier allmählich friedlicher wird. Der

Dompteur darf es sogar streicheln, lässt es über einen schmalen Steg balancieren und einen Ball hoch aus der Luft mit der Schnauze auffangen. Und zum Schluss springt der wilde Rumba dreimal hintereinander durch einen brennenden Reifen und kriegt donnernden Applaus. Im Nu sind die beiden Artisten von begeisterten Zuschauern umringt.

Charly, der einmalige Charly, strahlt und teilt das Geld aus dem Zylinderhut in fünf gleiche Teile: für Plascha und Lisbeth, für den Braunen, für Rumba und für sich. »Da kriegen wir alle fünf was Gutes zu beißen«, sagt er fröhlich …

Aus dem Roman »Plascha. Von kleinen Leuten und großen Träumen«, von Inge Meyer-Dietrich, Verlag Henselowsky Boschmann, Reihe 801. Der Ausschnitt spielt gegen Ende des Ersten Weltkriegs in Bochum.

Inge Meyer-Dietrich (Gelsenkirchen) hat 25 Bücher veröffentlicht, die vielfach ausgezeichnet wurden. 2010 erschien »Die Hüter des Schwarzen Goldes«, das sie gemeinsam mit ihrer Tochter Anja Kiel verfasst hat. Ihr Lieblingshund Fritz – halb Terrier, halb Collie – gehört Freunden, die ihn zärtlich als tibetanisches Kampfschaf bezeichnen.

Joachim Wittkowski
Hunde im Ruhrgebiet – Eine Erinnerung

Das Ruhrgebiet hat eine besondere Beziehung zu Hunden. Hunde sind geradezu Wahrzeichen der Städte an Lippe, Emscher und Ruhr. Zugespitzt könnte man sogar sagen, dass es das Ruhrgebiet ohne Hunde gar nicht gäbe.

Dabei ist nicht an jene Meldung einer Illustrierten aus dem Jahr 2007 zu denken, nach der unter den fünfzehn deutschen Städten mit der größten Hundedichte pro Quadratkilometer (mitzudenken ist die Hundekotdichte) gleich acht Ruhrgebietsstädte zu finden sind. Angesichts der hohen Bevölkerungsdichte ließen sich ähnliche Befunde ebenso für Automobile oder Pommesbuden herbeizitieren. Die Rede ist auch gar nicht vom Haushund, dem ältesten Haustier des Menschen, sondern, zunächst, von seinem Namensvetter, dem bergmännischen Hund. Gemeint ist ein unter (und auch über) Tage genutzter Förderwagen, der im Unterschied zur Lore nicht gekippt werden kann. Bergleute schreiben seinen Namen gerne »Hunt« statt »Hund«, sodass die Pluralform »Hunte« und nicht »Hunde« lautet. Beide Formen bestehen nebeneinander und sind gelegentlich auch heute noch zu hören.

Nicht mit letzter Sicherheit zu klären ist, woher die Bezeichnung »Hund« für den Förderwagen kommt. Bereits Jacob und Wilhelm Grimms »Deutsches Wörterbuch« kennt die Mutmaßung, ein slowakisches oder ungarisches Wort (»hyntow«, »hintó«), das soviel wie »Kutsche« bedeute, könne am Ursprung der Wortgeschichte des deutschen »Hund« stehen, eine Theorie, die noch im Zeitalter des World Wide Web ebendort verbreitet wird. Aber natürlich wussten die Grimms: »auch franz. heiszt das gerät chien des mines«. Und auch im Englischen kennt man das Nomen »dog« in der Bedeutung »Förderwagen«. Vermutlich handelt es sich also nicht um ein aus einer anderen Sprache entlehntes Wort und auch nicht um ein mit dem Tiernamen bloß zufällig gleichlautendes Wort »Hund« (ein Homonym), sondern um eine übertragene Wortbedeutung (eine Polysemie). Doch worin besteht die Übertragung? Hierzu gibt Georg Agricola in seinen »De re metallica libri XII« (Zwölf Bücher vom Berg- und Hüttenwesen) 1556 einen Hinweis: Der Hund fuhr demnach auf hölzernen

»Laufpfosten«. Diese »Laufpfosten« sorgten für eine halbwegs ebene Rollbahn für die Hunde, waren jedoch keine Schienen im heutigen Sinn. Die Hunde rollten zwar auf ihnen, waren aber nicht fest an sie gebunden; denn nur »durch den am Boden befestigten Leitnagel«, erläutert Agricola weiter, »wird der Hund in der Spur, die in den Laufpfosten ausgespart ist, geführt.« Dabei entstand ein Geräusch, das »einigen dem Bellen der Hunde ähnlich dünkt, so nannten sie ihn Hund« (»canem vocarunt«, heißt es im lateinischen Original, womit auch das lateinische Nomen »canis« in der übertragenen Bedeutung von »Hund« als Förderwagen belegt ist). Diese Hunde wurden geschoben oder gezogen, und dies bis weit ins 20. Jahrhundert hinein, in dem die Hunde längst auf Schienen liefen: Als Schlepper fing der Jungbergmann seine berufliche Laufbahn unter Tage an. Für ungezählte Bergleute waren die Hunde alltägliches Arbeitsgerät. Ohne Hunde hätte die Kohle unter Tage nicht

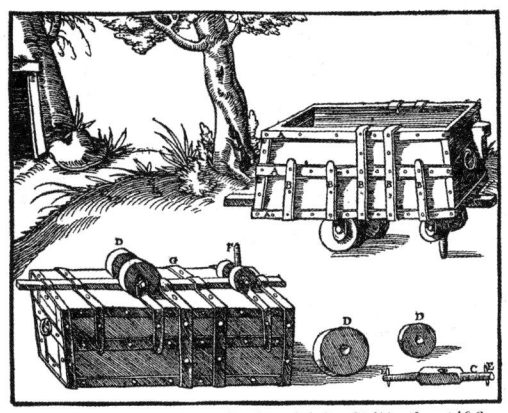

Die eisernen Bänder des Hundes A.   Die eisernen Stäbe B.   Die kleine eiserne Achse C.
Die hölzernen Scheiben D.   Die kleinen eisernen Nägel E.   Der Leitnagel F.
Ein umgekehrter Hund G.

transportiert werden können, ohne Hunde wäre sie nicht in den Förderkorb gekommen – ohne Hunde wäre der Unter-Tage-Bergbau nicht möglich gewesen.

So verwundert es nicht, dass im einstigen »Kohlenpott« noch zahlreiche Hunde überlebt haben, auch wenn sie ihrem eigentlichen Zweck nicht mehr dienen. Keines der zahlreichen Museen im Ruhrgebiet, die sich ganz oder in einer heimatgeschichtlichen Abteilung dem Bergbau widmen, kann

auf Hunde verzichten. Sie sind ein sinnfälliges Zeugnis der heimischen Bergbaugeschichte, dienen der Veranschaulichung auch noch im kleinen städtischen Museum mit seinem begrenzten Platzangebot. Als museale Hunde wirken sie noch immer so nüchtern und sachlich wie in ihrem einstigen Dasein als montane Hunde.

Wie nur wenige andere Berufe ist der des Bergmanns von Emotionen begleitet. Das mag vor allem daran liegen, dass die Arbeit unter Tage gefährlich war, dass die Kameradschaft, das Aufeinander-angewiesen-Sein im Streb und vor Kohle die Kumpels enger zusammenschweißte als dies in anderen Berufen der Fall war und ist. Für etliche Generationen war die

Arbeit im Pütt oft die einzig mögliche, und so wurde der Bergmannsberuf vielfach ein Stück Familientradition. Vor diesem Hintergrund wird verständlich, warum zahlreiche Hunde in Vorgärten und öffentlichem Grün liebevoll gepflegt werden, mit Erde aufgefüllt und bepflanzt. Gewiss ist bei vielen Gartenbesitzern ein Stück Sentimentalität dabei, aber diese volkstümliche Traditionspflege trägt, selbst in ihrer merkantilen Version, die Hunde als Werbeträger nutzt, durchaus dazu bei, das Bewusstsein zu erhalten, dass all die Segnungen des andauernden Strukturwandels auf den Schultern der Bergleute stehen, ohne deren Arbeit das Ruhrgebiet als Fünf-Komma-zwei-Millionen-Einwohner-und-dreiundfünfzig-Städte-und-Gemeinden-Region nicht existierte.

Ob der bergbauliche Hund mit der Redewendung »vor die Hunde gehen« in Zusammenhang steht, ist ausgesprochen ungewiss. Angeblich rührt die Wendung daher, dass ein Bergmann in unbestimmter Frühzeit des Bergbaus als Strafe für eine zu geringe Arbeitsleistung Hunde ziehen musste und damit weniger Geld verdiente. Doch gibt es für diese Deutung keinen Beleg. Der »Duden«-Band »Redewendungen« hält es für möglich, dass die Wendung aus der Jägersprache stammt und sich auf das schwache Wild bezieht, das von den Hunden gestellt wird. Noch wahrscheinlicher sei es aber, dass hier lediglich der Hund als »Sinnbild für die niedere, verachtete Kreatur« steht, die eben ein Hundeleben führt, ein armer Hund ist. Gleichwohl: Manch einem Bergmann mag sein Dasein als Hundeleben erschienen sein. Die Angst vor der Staublunge, vor Unglücken, vor

Armut und Arbeitslosigkeit, umgangssprachlich bildhaft: Die Angst davor, vor die Hunde zu gehen, spricht aus nicht wenigen Texten von Bergarbeiterdichtern, allen voran Heinrich Kämpchen.

Im Ruhrgebiet gab es aber noch einen zweiten Namensvetter des tierischen Hundes: den Kohlenkran im ehemaligen Wanne-Eickeler Kohlenhafen. Es reicht ja nicht, Kohle lediglich zu fördern, sie muss auch transportiert werden. So entstanden während der Industrialisierung Zechenbahnen und Kohlehäfen, in denen mit riesenhaft wirkenden Kränen die Kohle auf Binnenschiffe verladen wurde. Mit dem Ende des Bergbaus

sind diese Kräne überflüssig geworden. Auf dem Wanne-Eickeler Hafengelände aber stand ein solcher Kran unter Denkmalschutz, bis beide dem wirtschaftlichen Überlegen unterlegen waren. Der Volksmund hat ihn und seinesgleichen »Krummer Hund« genannt (nicht zu verwechseln mit der Redewendung »krummer Hund«, mit der eine zwielichtige Person bezeichnet wird). Woher diese Bezeichnung rührt, ist nicht überliefert. Krumm hat er ja mit seinem geneigten Ausleger ausgesehen, aber warum wird ein Kran als Hund bezeichnet (wo doch schon der Name »Kran« eine Übertragung des Tiernamens »Kranich« ist)? Man weiß es nicht. Vielleicht erinnerte sich der Volksmund beim Anblick des Krummen Hundes ja an jenen Zweizeiler, den Karl Simrock in seiner Sammlung »Die deutschen Sprichwörter« mitteilt: »Wenn der Hund will sch… gehn, / So sieht man ihn gekrumpen stehn.«

Joachim Wittkowski ist Germanist; er lebt und arbeitet im Ruhrgebiet. Die Fotos der Hunde und des Krummen Hunds hat der Autor im Westfälischen Landesmuseum für Industriekultur Zeche Zollern, in der Siedlung Teutoburgia und im Hafen Wanne-West aufgenommen. Die Zeichnungen stammen aus Marga Garnich: Der weite Horizont. Stuttgart o.J., S. 12 (Zeichnung von Josef Sauer) und Georg Agricola: Zwölf Bücher vom Berg- und Hüttenwesen. Berlin 1928, S. 126.

René Schiering
Wotan

Ende der 1990er Jahre war ich mit ein paar Kumpels an einer Hausbesetzung im nördlichen Ruhrgebiet beteiligt. Kein großes Ding. Es ging uns darum, ein Mehrfamilienhaus davor zu bewahren, für einen Rangierparkplatz des örtlichen Dämmwolle-Fabrikanten abgerissen zu werden. Wir haben das Gebäude knapp sechs Monate halten können, danach haben wir zu Silvester aus Frust und Resignation selbst alles kurz und klein gehauen und haben uns verpisst. Einigen von uns hat die ach so kooperative Kommunalpolitik Sozialwohnungen zur Verfügung gestellt. Andere sind zurück zu Mama. Ich bin mit Odin, Thor, Max und Klara in die Anderthalbzimmerwohnung von Wollek weitergezogen.

Unsere damalige Behausung muss man wohl bescheiden nennen. Während der Hauptmieter Wollek weiterhin das eine Zimmer als Wohn- und Schlafzimmer nutzte, richteten wir uns vor der Waschmaschine in der Küche ein. Die schmale Nische zwischen Dachschrägenfenster und Badezimmertür reichte gerade so für eine Doppelbettmatratze, auf der Max und Klara schliefen. Auch tagsüber hielten wir uns hauptsächlich in dem mit einem Batik-Tuch abgetrennten Séparée auf. Max zockte den ganzen Tag Videospiele auf der Konsole, die unseren einzigen Luxusgegenstand darstellte. Klara empfing redselig unsere Gäste, die nur neben uns auf dem Boden Platz nehmen konnten, um durch den beiseite geschobenen Wandersatz tiefsinnige Gespräche zu führen. Die einzige Frau in unserer Runde war ein herzensguter Mensch und ein einfühlsamer Ratgeber in schlechten Zeiten. Das muss man ihr lassen.

Da man mit Videospielen und ehrenamtlicher Sozialarbeit nicht wirklich Geld verdienen kann, lebten wir in unserer bescheidenen Behausung in ebenso bescheidenen Verhältnissen. Einmal die Woche stiefelten wir mit Klara zu dem Aldi in unserer Nachbarschaft. Völlig aufgepeitscht von dem spärlichen Auslauf, rannten Odin, Thor und ich immer vorneweg, ständig Klaras Aufforderungen zu warten im Ohr. Damit es keinen Ärger gab, warteten wir immer vor der Tür des Supermarkts, bis sie die Einkäufe erledigt hatte, um ihr dann auf dem Rückweg zumindest moralische Unterstützung beim Tragen der schweren Einkaufstüten zukommen zu lassen. Man hilft ja, wo man kann. Als anerkennendes Dankeschön sorgte sie im Gegenzug immer dafür, dass wir keinen Hunger hatten. Am Anfang des Monats war zur Belohnung manchmal ein Stück Fleischwurst drin. Ansonsten ernährten wir uns häufig von Quarkbroten, die unseren Nährwertbedarf ausreichend deckten. Auch wenn ich mich insgeheim nach einer Dose Fleisch sehnte, zeigte ich mich doch zufrieden mit dem, was sich die beiden Kollegen auf der Matratze vor der Waschmaschine vom Mund absparten, um uns satt zu kriegen.

Es war gerade Hochsommer, und wir legten gemeinsam eine dichte Geruchsdecke über unser Dreieinhalb-Quadratmeter-Domizil, als mich ein Fieber in mir unbekannter Intensität überkam. Alles fing damit an, dass meine Lust auf ein deftiges Stück Fleisch ausblieb. Ich ließ, ohne zu wissen, warum, den Happen Fleischwurst, den mir Klara vor die Füße geworfen hatte, einfach liegen. Auch das Quarkbrot wollte mir irgendwie nicht schmecken. Meine Hitzewellen schoben wir zunächst auf das subtropische Klima, aber als sich meine Augen röteten und nicht aufhören wollten zu tränen, wussten wir, dass bei mir ganz grundsätzlich was nicht stimmt. Und dann der Schnodder, der unentwegt aus meiner Nase floss. Im Prinzip sah ich für eine Zeit aus wie Andi, den Wollek kurzfristig bei sich aufgenommen hatte, um ihn bei seinem Drogenentzug zu unterstützen. Das Geschehen im Nebenzimmer bekam ich in meinem Fieber nur flüchtig und bruchstückhaft mit. Regelmäßig kam der Hauptmieter in die Küche und setzte seinem Kollegen eine klare Brühe auf. Oder er ging an uns vorbei, um den Eimer, in den Andi – körperlich ziemlich am Ende – urinierte, im benachbarten Badezimmer zu entleeren. Wenigstens bleibt mir der Durchfall erspart, dachte ich, als Wollek den stinkenden Schlafsack seines Untermieters hektisch in die Badewanne schmiss und ich so mitbekam, dass sich der Gute nebenan schon wieder über Nacht eingekotet hatte.

Erst als meine Symptome nach einer kurzen Phase der Besserung doppelt so stark wieder auftraten, packte mich Klara und schleppte mich zum Arzt. Die Untersuchung verlief routiniert und unerwartet schnell. Die Details erinnere ich nur noch schemenhaft, da ich durch meine entzündeten Augen kaum was sehen konnte und in meinem Fieberwahn nicht wirklich empfänglich für veterinärmedizinische Informationen war. Aber ich werde wohl nie das resignierende Gesicht des Herrn Doktor vergessen. Oder den aufmunternden Blick von Klara, den sie mir zuwarf, bevor sie mich wieder unter den Arm klemmte und mit mir – halb so schnell wie auf dem Hinweg – zurück nach Hause trottete.

Die folgenden Tage und Nächte erlebte ich als einen schrägen David-Lynch-Traum. Ich durchwanderte noch mal alle meine Lebensstationen, die mich in die Gesellschaft nordischer Gottheiten und gescheiterter Weltverbesserer geführt hatten. Ich sah mich selbst, wie ich mit Odin und Thor bei Sonnenschein durch den Stadtwald tobte. Ich sah den wieder genesenen Andi, der in lebensbejahender Ekstase von dem dort gelegenen Wasserschloss in den muffeligen Ententeich sprang, während sich Max und Wollek am Ufer über die überschwängliche Spontaneität ihres Kumpels lauthals amüsierten. Und ich sah Klara, die, auf einer Parkbank sitzend, mit gütigem Blick wie ein Schutzengel über uns wachte.

In der Realität saß Klara zwei Tage und drei Nächte auf der ausgeleierten Kante unserer Doppelbettmatratze. Mit mir auf ihrem Schoß und einem nasskalten Lappen, mit dem sie mir in kurzen Abständen die Stirn kühlte, in der Hand. Eine unerschöpfliche Quelle wohltuender Zuneigung und beschwichtigender Worte. Erst wenn ich eingeschlafen war, ließ sie ihrer Trauer freien Lauf und schluchzte leise vor sich hin, ständig in Sorge, ihre Tränen könnten auf meinen Rücken tropfen und mich so aufwecken.

Irgendwie habe ich es überlebt. Am dritten Tag wurden meine Gedanken wieder klar, auch wenn ich körperlich immer noch geschwächt war. Klara versorgte mich mit Quarkbroten, die sie mir, behutsam in kleine Stücke geschnitten, verabreichte, bis ich kräftig genug war, wieder aufzustehen. Lediglich mein linkes Auge hat sich von der beißenden Entzündung nicht erholt und ist bis heute blind.

Mein Name ist Wotan und ich bin ein Ruhrpott-Köter.

René Schiering (*1977) wuchs in Gladbeck, Westfalen, auf. Sein Roman »Ruhrpott-Köter« erschien 2011. Auch nach jahrelangem Exil wird er das Jucken in seinem verlausten Fell nicht los.

Helmut Spiegel
Sitzt auf dem Klo und bellt

Ein gedämpftes »Wuff, wuff« tönt uns entgegen, als meine Mutter gerade die Wohnungstür aufschließen will. »Nun hör dir den verrückten Kerl an«, sagt meine Mutter, »der Papa sitzt auf dem Klo und bellt.« Ich habe es auch gehört, dass dieses »Wuff, wuff« aus dem Badezimmer gekommen ist, das unserer Wohnungstür genau gegenüberliegt. Meine Mutter schließt die Tür auf, und wir schleppen den schweren Holzkoffer und die Taschen in die Wohnküche, denn wir kommen gerade von einer Hamsterfahrt aus dem Münsterland. Es ist August 1945.

Ich öffne in dem kleinen Korridor die Tür zum Badezimmer. Tatsächlich! Mein Vater sitzt im Badezimmer, aber auf dem Klodeckel und hat die Hemdsärmel aufgekrempelt. In der Badewanne steht ein großer Hund bis zum Bauch im Wasser. Mein Vater schrubbt ihm das Fell. Ein Hund? Wieso denn ein Hund? Wir haben doch gar keinen Hund! Mein Vater sieht meinen fragenden Blick und auch den meiner Mutter, die inzwischen in der Badezimmertür erschienen ist. »Der ist mir zugelaufen«, sagt mein Vater, »der ging einfach nicht mehr weg.« Meine Mutter schüttelt den Kopf. »Zugelaufen, zugelaufen. Aber Fritz, was sollen wir denn mit einem Hund? Und dann noch so ein großes Vieh! Der frisst uns doch die Haare vom Kopf!« – »Das ist ein Rassehund«, sagt mein Vater, »und der ist ganz gut erzogen. Bestimmt ist er einem englischen Offizier weggelaufen!« Der Hund steht geduldig in der Badewanne und schaut mich und meine Mutter mit einem Blick an, als wollte er sagen: »Der Mann hat Recht!« Aber meine Mutter will sich nicht erweichen lassen. »Fritz, in diesen Zeiten! Du weißt doch, wie mühsam wir uns das Essen heranschaffen müssen!« Mein Vater nickt. »Ich weiß, ich weiß! Aber ich kann ihn doch nicht einfach wieder auf die Straße setzen. Ich schau mich morgen mal hier in der Gegend um. Vielleicht weiß ja jemand was.« Der Hund, der uns eben mit diesem dunklen »Wuff, wuff« begrüßt hatte, äußert sich nicht dazu. Er genießt es gerade, dass er mit einem dicken Handtuch abgerubbelt wird. Meine Mutter schüttelt den Kopf.

Schön ist er, der Hund. Und ein edles Tier, wie mein Vater sagt, als er mit seinem Schützling in die Wohnküche kommt. Ja, das sehe ich auch so. Und welcher zwölfjährige Junge hätte nicht Spaß an so einem edlen Tier! »Ich habe ihn Hasso genannt«, sagt mein Vater, »da hört der schon drauf. Und du brauchst keine Leine. Der geht draußen ganz eng bei Fuß.« Er schaut »seinen« Hasso an, und die Tierliebe des Jungen aus dem kleinen Dorf in der Soester Börde steht ihm ins Gesicht geschrieben.

»Wie lange hast du den Hund denn schon?«, will meine Mutter wissen. »Drei Tage.« Das sind genau die Tage, an denen wir auf der Hamster- tour waren, denn wir hatten bei Oma, Mutters Mutter, auf dem Dorf im Münsterland übernachten können. »Sieh bloß zu, dass du ihn bald wieder loswirst!«, sagt meine Mutter.

Am nächsten Morgen sind sie und ich mit Hasso allein in der Woh- nung. Mein Vater ist zur Arbeit bei Krupp. Ich muss nicht in die Schule. Im weiten Umkreis sind alle Schulen ausgebombt. Der Hund liegt vor der Balkontür auf dem Fußboden. Er läuft nicht herum. Er bettelt nicht um Futter. Mein Vater hat offensichtlich den bunten Blechteller her- vorgekramt, aus dem ich als Kleinkind mein Essen gelöffelt habe. Der steht in der Kochnische auf dem Fußboden. Da hinein legt meine Mut- ter zwei dünne Scheiben Brot und eine Scheibe von dem Schinken, den wir auf der Hamsterfahrt ergattert haben. Hasso hat das alles ruhig beo- bachtet. Er erhebt sich. Ja, dieser Hund mit seinem schönen Kopf, den klugen Augen, den Schlappohren, dem gefleckten Fell und dem langen Schwanz, steht nicht hastig auf, er erhebt sich und geht zu dem Blech- teller. Man hört zweimal so einen Laut wie »Schlapp, schlapp«, dann ist der Teller leer. Der Hund kehrt sich ab und legt sich wieder vor die Bal- kontür. »Er wird uns die Haare vom Kopf fressen!«, sagt meine Mutter.

»Mutti, darf ich mit Hasso rausgehen?« Meine Mutter hat nichts dage- gen. Hofft sie vielleicht heimlich, dass der Hund mir draußen davon- läuft? »Hasso, bei Fuß!« Als hätte es dieses Kommandos gar nicht be- durft, läuft Hasso eng neben mir her. Und mir wird klar. Das hier ist kein Hund zum Spielen. »Wahrscheinlich ein Jagdhund«, hat mein Vater gesagt. Ach, wenn ich ihn doch behalten dürfte! Aber das wage ich mei- nen Eltern nicht zu sagen. Weiß ich trotz meiner erst zwölf Jahre schon genau, unter welchen Umständen wir zurzeit leben müssen.

Als mein Vater am späten Nachmittag von der Arbeit kommt, wird er sofort von Hasso begrüßt. Der Hund stellt sich vor ihn hin, schaut zu ihm auf und wedelt ruhig mit dem Schwanz. Hier ist sein Herr. Man sieht es sofort. Mein Vater streichelt ihm sanft den Kopf. Das habe ich bisher nicht gewagt, und meine Mutter hat kein Verlangen danach. »Der ist vielleicht gut erzogen«, sagt mein Vater wieder. »Gestern Abend, als der Helmut ins Bett gegangen war, ist er zu der Kinderzimmertür gegangen und hat eine Weile gehorcht, so als wollte er sich vergewissern, dass alles in Ordnung ist. Und als Mutti und ich schlafen gegangen sind, muss er sich wohl vor die Schlafzimmertür gelegt haben. Das habe ich bemerkt, als ich heute Nacht mal raus musste. Der passt richtig auf uns auf!« Ja, Hasso scheint wirklich gut erzogen zu sein. Wenn jemand durch den Hausflur geht, läuft er zur Wohnungstür und lässt ein gedämpftes »Wuff, wuff!« hören. »Der schlägt nur an«, sagt mein Vater, »damit wir aufmerksam werden.«

»Fritz, du weißt genau, dass wir einen solchen Hund nicht länger mit durchfüttern können!«, spricht meine Mutter nach zwei Tagen ein Machtwort. Mein Vater nickt. »Ich habe mir schon einen Tag Urlaub genommen. Morgen gehe ich mit ihm raus.« Rausgehen? Wie will er den Hassos richtigen Herrn finden? »Darf ich mitgehen, Papa?« Er schüttelt den Kopf. »Nein, Junge, das mache ich allein.« Als ich am anderen Morgen aus dem Bett steige, sind mein Vater und Hasso schon weg. Ich brauche meine Mutter nicht zu fragen. Ich weiß ja Bescheid. Als er mittags zurückkommt, ist er allein. »Hast du den englischen Offizier gefunden, Papa?« – »Nein.« – »Und wo ist der Hasso jetzt?« Mein Vater schaut mich ruhig an. »Im städtischen Tierheim. Sie haben gesagt, der Hund sei ein edles Tier.«

Dann geht mein Vater zu der Schublade am Wohnzimmerschrank, die immer so nach Tabak riecht. Er holt eine seiner alten krummen Pfeifen heraus. »Papa, darf ich mit der kleinen Schneidemaschine den Stängeltabak schneiden …?«

Helmut Spiegel, geboren 1932 in Essen, Redakteur, lebt mit seiner Familie in Witten. Der »Fundus« seiner literarischen Arbeit ist das Ruhrgebiet. Veröffentlichungen: »Ich schäbiges Frikadellchen« 1993 (auch als Hörbuch), »Das Bollerrad muss bollern, der Knicker, der muss rollern« 1996, »Unser Mutter stochte, bis die Suppe kochte« 2005, »Auf alle meine Pötte setzt Ursula den Deckel« 2006, Beiträge in Anthologien.

Friedhelm Wessel
Auf den Hund gekommen

Es ist schon ein paar Jahre her, doch ich erinnere mich daran, als wäre es erst vor einigen Tagen passiert: Der Pütt, auf dem unser Vater jahrelang malocht hatte, war geschlossen worden, und er gehörte zu denen, die vorzeitig ins Rentnerleben manövriert wurden.

Und nun? Unser Vater las viel: jeden Morgen zunächst sehr gründlich die Tageszeitung; dann nach der zweiten Zigarette und der dritten Tasse Kaffee folgte ein Krimi. Anfangs gefiel es unserer Mutter, dass ihr Mann nun von früh morgens bis spät abends zu Hause war. Aber immer öfter, besonders wenn sie den Staubsauger schwang oder das Mittagessen für uns Kinder vorbereitete, hörte ich sie murmeln: »Vater stört!« Denn er hatte es sich angewöhnt, ihr gut gemeinte Ratschläge für den Haushalt zu geben, was eigentlich nicht eines Bergmanns Sache ist.

Schließlich wurde es meiner Mutter zu bunt: »Vatter, such dir ein Hobby!« Doch unser Vater, der wollte weder joggen, Briefmarken bestaunen noch Goldfische züchten. Nein, er liebte seine Krimis, blieb in der Wohnküche sitzen und gab unserer Mutter weiterhin Ratschläge. Die schüttelte immer öfter den Kopf und bat schließlich uns Kinder um Rat. »Wie wäre es mit einer Reise«, warf mein jüngerer Bruder Lothar ein. Unsere Mutter schüttelte das graue Haar. »Ist keine Lösung. Muss was Langfristiges sein.« Wir gaben ihr recht. »Wie wäre es mit einem Tier«, schlug ich vor. »Tiere sind gut!« Unsere Mutter und Bruder Lothar nickten. »Schildkröte, Kaninchen oder Katze?«, fragte er. »Quatsch«, wehrte unsere Mutter resolut ab. »Aber ein Hund, das wäre doch genau das Richtige.« Ihre Stimme klang versöhnlich und liebevoll. »Und ich besorge einen. Wenn unser Vater Geburtstag hat, ist er hier«, versprach ich.

Gino hieß der schwarze Pudel aus dem Tierheim, den ich unserem Vater als Geburtstagsgeschenk überreichte. Zunächst beäugte unser Vater das neue Familienmitglied sehr skeptisch. »Für mich?« Wir bejahten die Frage mit sichtlicher Freude. »Ja, als kleiner Junge hatte ich schon mal einen Hund …«

Gino tat unserem Vater gut. Mehrmals am Tage drehten die beiden gut gelaunt ihre Runden durch unser Viertel. Und unsere Mutter war ebenfalls glücklich: Vater störte nicht mehr.

Als die Ausflüge allerdings von Tag zu Tag länger dauerten, begann sie, sich Sorgen um ihren Mann zu machen: Wo der wohl so lange und so eifrig mit Gino Gassi ging?

Die Erklärung war eigentlich ganz einfach: Während ihrer Runden kamen die beiden regelmäßig am »Goethe-Eck« vorbei, in dem unser Vater vor seiner Hunde-Zeit sich gelegentlich mit alten Kumpels getroffen hatte, um eine Runde Skat zu dreschen. Gino wusste bald, dass der Wirt der Eckkneipe für ihn immer ein Leckerchen bereithielt. So zog er unseren Vater täglich und immer wieder ins »Goethe-Eck«. Und da auch dem Hundebesitzer diese Ablenkung sehr gefiel, wurden die Besuche zum ausführlichen Ritual. Bis unser Vater ernsthaft erkrankte, ich Gino erbte und wir den lieb gewonnenen täglichen Kneipenbesuch im »Goethe-Eck« noch sehr lange im Sinne der Familientradition fortsetzten.

Friedhelm Wessel ist seit 2007 als »Spurensucher« im Revier unterwegs. In seinen Büchern befasst sich der leidenschaftliche Ruhri mit den großen »K« des Reviers: »Kohle, Kumpel, Kicker, Kolonie, Kino und Kanal«. Er sammelt auch historische Fotos von Zechen, Werken und Menschen aus dem Ruhrgebiet. Für den in Herne lebenden Autor, der von 1970 bis 2006 journalistisch im Ruhrgebiet tätig war, eine Herzensangelegenheit, denn hinter vielen alten Fotos stecken oft auch interessante Geschichten und Anekdoten.

Anja Kiel
Hundeliebe

Perfekt! Das Licht fiel im genau richtigen Winkel auf die Landmarke, eine überdimensionale Grubenlampe, ließ das Rot aufleuchten und tauchte das umliegende Gras in einen Schimmer, den ich bisher nur an der See wahrgenommen hatte. Ich drückte gleich ein paar Mal auf den Auslöser. Sah mir das Ergebnis auf dem Display meiner Nikon an und trat zufrieden einen Schritt zurück.

Verdammter Mist! Das war kein Gras, das ich unter der rechten Sohle spürte, sondern etwas Weiches, Matschiges. Schon stieg mir ein widerlicher Gestank in die Nase. War ja klar, dass mir das ausgerechnet dann passierte, wenn ich die Stiefel mit den groben Profilen anhatte.

»Toll, das Geleucht, nicht wahr?«, hörte ich eine fröhliche Stimme hinter mir. Ich drehte mich um und sah mich einer blonden Frau gegenüber, die eins dieser unsäglichen Monster an der Leine hatte. Eine absurde Promenadenmischung aus was weiß ich was für Kötern mit kahlen Stellen im Fell und einem Ohr, das seltsam schief herunterhing.

»Die ganze Halde wäre toll, wenn nicht Leute wie Sie hier ihre Scheiß-Viecher spazieren führen würden!«, blaffte ich.

»Aber mein Hund ist doch ganz …«, begann sie.

»… lieb und will nur spielen? Der tut doch nix? Und was halten Sie davon?«, brüllte ich und hielt ihr meine verdreckte Sohle entgegen.

Eine Antwort wartete ich nicht ab, sondern packte mein Stativ und die Fototasche und machte mich aus dem Staub. Fotograf erschlägt Hundebesitzerin – diese Schlagzeile wollte ich dann doch lieber verhindern.

Puh, der Aufstieg war nicht ohne! Erleichtert bog Marlene um die letzte Ecke. Nun lag das Plateau der Halde vor ihr, gekrönt von der Himmelstreppe. Diese aus großen Steinbrocken zusammengesetzte Landmarke, die so archaisch aussehen würde, wäre sie nicht über und über mit Graffiti bedeckt. Als Marlene nähertreten wollte, schossen zwei Mountainbiker haarscharf an ihr vorbei. Erschrocken sprang sie zur Seite, und Tiffy begann aufgeregt zu bellen. Oh nein, da stand auch wieder der Typ, der sie gestern so angeschnauzt hatte. Dabei konnte sie wirklich nichts dafür, dass er in einen Hundehaufen getreten war. Schon wollte sie Tiffy rufen, um sich mit ihr sofort wieder an den Abstieg zu machen. Sie hatte keine Lust auf Streit. Doch dann umschloss sie fest die kleine Mülltüte in ihrer Jackentasche, die sie für Tiffys Häufchen dabei hatte, und setzte entschlossen ihren Weg fort. Es war genauso ihr Recht, hier spazieren zu gehen, wie es sein Recht war, hier zu fotografieren. Seinetwegen würde sie nicht aufgeben, was sie sich fest vorgenommen hatte: Dieses Jahr endlich mal allen Landmarken im Ruhrgebiet einen Besuch abzustatten.

»Hallo«, grüßte sie und versuchte zu lächeln. Eigentlich sah er nämlich richtig gut aus mit seinen dunklen strubbeligen Haaren und dem markanten Kinn. Und Fotografen hatte sie immer schon interessant gefunden.

»Entweder sie scheißen alles zu oder sie bellen derart laut, dass man fast einen Herzinfarkt bekommt!«, gab er anstatt eines Grußes zurück.

»Tiffy hat sich erschreckt!«, giftete Marlene. »Die Mountainbiker nehmen auf nichts und niemanden Rücksicht.«

Der konnte noch so gut aussehen. Ein Hundehasser, so einer konnte ihr wirklich gestohlen bleiben!

Die Bramme für das Ruhrgebiet! Richard Serras riesige Stahlskulptur ist mein Favorit unter den Landmarken. Klar, dass sie zwingend in die Foto-Dokumentation gehörte, mit der mein Verlag mich beauftragt hatte. Aber wie sollte ich Serra neu ins Bild setzen? Während ich auf der Halde herumlief und immer wieder durch den Sucher blickte, stellte ich zu meinem Erstaunen fest, dass ich nach der blonden Hundebesitzerin Ausschau hielt. Ein Hund, klein vor der vierzehn Meter hohen Bramme, das wäre kein schlechtes Motiv – er müsste ja nicht unbedingt ein Bein heben. Bestimmt wäre es auch nett, sich mit seinem Frauchen über die Haldenkunst zu unterhalten.

Schließlich hatte ich mein Bild doch im Kasten. Ohne Hund. Als es dämmerte, machte ich mich auf den Heimweg. Ist doch typisch für diese Hundenarren: Wenn man sie mal gebrauchen könnte, sind sie nicht da. Aber was will man auch erwarten von einer, die ihren Köter Tiffy nennt? Dieses blöde rosafarbene Vieh aus der Sesamstraße mochte ich noch nie!

So schüchtern hatte Marlene ihren Hund selten erlebt. Ob er auch so beeindruckt war von der schieren Größe der Halde Haniel? Auf dem ersten Stück des Aufstiegs war Tiffy noch fröhlich gewesen, hatte an den Stationen des Kreuzwegs von Tisa von der Schulenburg und Adolf Radecki geschnuppert und hier und da ihre eigene Landmarke gesetzt. Doch als es noch höher ging, wechselte die Landschaft abrupt ihren Charakter. Kein Laubwald mit Farnen und Wildrosen, wie er den unteren Teil der Halde dominierte – nur noch ein wenig Kamille und armselige Grasbüschel. Eine steife Brise wehte, und Marlene hatte das Gefühl, auf dem Rand eines riesigen erkalteten Vulkans zu wandeln. Ihr Mischling lief nur noch brav bei Fuß und gab keinen Mucks von sich. Endlich hatten sie die Stelen am Gipfel der Halde erreicht. Der baskische Künstler Agustín Ibarrola hatte hier mehr als hundert farbig bemalte Eisenbahnschwellen als »Totems« aufgestellt. An einer mintgrünen Stele blieb sie stehen und blickte hinab in die Tiefe, unwillkürlich Tiffy fester an die Leine nehmend, obwohl die noch immer keine Anstalten machte, von ihrer Seite zu weichen.

Unten stand jemand. Wenn sie sich nicht täuschte, hielt dieser Jemand eine Kamera in der Hand. Schnell trat sie einen Schritt zurück, so dass sie von der Stele verdeckt wurde, und zog auch Tiffy mit sich. Wer weiß, was ihr der Fotograf diesmal an den Kopf werfen würde? Dass ihr Hund selbst vor einem Kunstwerk nicht Halt machte? Nein, sie wollte diesem Typen nicht über den Weg laufen.

So ein Mist! Schon zum zweiten Mal hatte ich sämtliche Taschen durchsucht. Das Handy blieb verschwunden. Dabei hatte ich am Fuß der Halde Schwerin noch mit meinem Verleger telefoniert. Dort musste ich es verloren haben. Ohne Handy war ich aufgeschmissen. Ich konnte nur hoffen, dass ich es beim Abstieg wiederfand. Ich packte die Kamera aus. Die Fotos von der Sonnenuhr aus Edelstahl waren die letzten, die ich mir vorgenommen hatte. Ich machte halbherzig ein paar Schüsse. Das Licht würde erst in einer halben Stunde ideal sein. Da hörte ich ein Trappeln hinter mir. Und als ich mich umdrehte, stand dieser komische Hund mit den kahlen Stellen im Fell vor mir. Blickte mich treu an und legte vorsichtig einen kleinen schwarzen Gegenstand vor mir ab. Mein Handy! »Tiffy! Komm sofort her, bei Fuß!« Die blonde Frau kam die Stufen zur Sonnenuhr heraufgerannt. »Tut mir leid, ich …«, setzte sie an.

»He, ich muss mich doch erst bei Ihrem schlauen Hund bedanken! Er hat mein Telefon gefunden.« Und ehe ich mich versah, hatte ich mich gebückt und dem Hund den Kopf getätschelt. Ausgerechnet ich!

»Na, Sie sollten sie nicht einfach anfassen. Schließlich könnte sie beißen!«, grinste die Frau und nahm ihren Rucksack ab. Im selben Augenblick gab mein Magen ein unmissverständliches Knurren von sich.

Die Frau grinste noch breiter. »Lust auf ein Picknick? Eigentlich teilen wir nicht gern mit Hundehassern. Aber heute machen wir mal eine Ausnahme.«

Ich grinste ebenfalls, ließ mir eine Picknickdecke geben und breitete sie im Zentrum der Sonnenuhr aus.

»Hoffentlich haben Sie den Boden überprüft«, meinte meine Gastgeberin und sah mich frech an. »Ich sitze nämlich nicht gern in Hundehaufen!«

Anja Kiel schreibt am liebsten Artikel über ihre Heimat Ruhrgebiet und ließ auch den gemeinsam mit ihrer Mutter Inge Meyer-Dietrich verfassten Roman »Die Hüter des Schwarzen Goldes« hier spielen. Mit Hunden käme Anja Kiel besser klar, wenn sie und ihre Kinder sich nicht ständig vor deren Haufen hüten müssten.

Zepp Oberpichler
You ain`t nothing but a hound dog

Neulich lauschte ich in der Gaststätte Maulkorb in Mülheim an der Ruhr einem Vortrag zum Thema »Das Tier in ungewohnter Umgebung oder: Was macht der Hund in der Disco?«

Sofort hatte mich der Titel der Veranstaltung in seinen Bann gezogen – fürwahr, diese Frage geisterte mir bereits seit Jahren im Schädel herum. So zwängte ich mich in die zum bersten gefüllte Hütte und lauschte andächtig den Worten des vortragenden Rex Freiherr vom Wiesentgehege.

»Guten Tag liebe Freunde, verehrte Vierbeiner!

Haben Sie sich schon einmal gefragt: Was hat eigentlich Rockmusik mit Hunden zu tun? – Nicht? Nun, zunächst muss man natürlich konstatieren, dass ›Rockmusik mit Hunden‹ kein feststehender Begriff in der Musikforschung ist. Vielmehr sollten die Überlegungen dahin gehen, ob es eine relevante Beziehung zwischen Rockmusik und der Spezies Hund gibt. Und ja, da gibt es nicht nur eine relevante, nein, es gibt auch eine signifikante Beziehung.

Frühe Zeugnisse finden wir bereits 1950: Jerry Labrador und Mike Struller schreiben den 12-taktigen Blues ›Hound Dog‹. Dieser Bluthund wird in den folgenden Jahren von einigen Interpreten durch jede billige Spelunke gejagt, aber erst 1956 in der Version eines gewissen Elvis Mops in die Sphären der Unsterblichkeit gehoben.«

Erstes zustimmendes Knurren.

»In den 60er Jahren waren es besonders die Rolling Spaniels, die mit ihrer Version des Rufus-Terrier-Songs ›Walking The Dog‹ eine deutliche Tatzenspur im Hit-Dschungel hinterließen. In den ausgehenden 60ern waren es Iggy und seine Poodles, die mit ›Now I Wanna Be Your Dog‹ das Hundesein auf eine andere Stufe der Betrachtung hoben. Durch diese Nabelschau prägten sie nicht nur das Selbstbild des Underdogs, der sich ob seiner Ausgestoßenheit aus der Normgesellschaft erkannte und definierte, sie gaben den erst noch zu erfindenden Punks eine frühe Hymne.«

Im Saal bellte es durcheinander. Wir hatten Blut geleckt! Schnell ein weiteres Leckerli bestellt und die Schlappohren aufgestellt.

»In den späten 70ern wurde der Hund vollends zum Objekt der Rockmusik. Erinnern möchte ich nur an Roky Erickson & The Bobtails mit der unvergessenen Textzeile: ›Two-headed dog, two-headed dog, I've been working in the Kremlin, with a two-headed dog.‹ Hier, zur Hochphase des Kalten Krieges, zur Zeit der beginnenden Anti-SS-20-Bewegung, hier wurde der Hund zum ersten Mal deutlich politisiert.«

Scharren auf dem Holzboden, wildes Gekläffe über die Tische hinweg.

»Ja, meine Freunde, die Kombination von Hund und Rock hält so manche Überraschungen parat, und diese sind ohne Zahl: ›Dog Eat Dog‹ von AC/DOGGE, ›Dogs‹ von The Husky, ›Dogs‹ von Pink Collie. Alle Größen des internationalen Showgeschäfts haben explizit dem Hund ihre Reverenz erwiesen.

Zum Abschluss meines Vortrags möchte ich den größten Entertainern der deutschsprachigen Rockmusik, Cindy und Beagle, das Wort sprechen und zitiere aus unserer Hymne ›Der Hund von Baskerville‹:

›Wer verbreitet Angst und Schrecken,
wer vernichtet, was er will?
Jeder sucht sich zu verstecken
vor dem Hund von Baskerville.‹«

Zustimmendes Gejaule! High-Four!

Das war ein Abend ganz nach meinem Geschmack. Hundemüde markierte ich das Revier, trabte unbeobachtet über die A 40 und schlich mich schließlich durchs Horbachtal heim ins Körbchen.

Zepp Oberpichler ist Ruhrgebietsautor und Musiker mit Leib, Schnauze und Seele. Seine Vorliebe für die Musik der 60er und 70er Jahre hat er mit seinen Romanen »Die Stones sind wir selber« sowie »Gitarrenblut« belegt. Seinen Hund »Anton«, eine echte Mischlingswundertüte, führt er morgens und abends Gassi. Mittags muss Zepp arbeiten, und der Hund geht mit Frauchen Kirsten.

Bücher vonne Ruhr

Verlag Henselowsky Boschmann
Postfach 10 02 31, 46202 Bottrop
Internet: www.vonneRuhr.de
E-Mail: post@vonneRuhr.de

Unsere Bücher erhalten Sie in jeder Buchhandlung – nicht nur im Ruhrgebiet. Sollte einmal eines nicht vorrätig sein, dann kann Ihr Buchhändler es kurzfristig beschaffen. Auf Wunsch senden wir Ihnen gerne unseren Gesamtprospekt und informieren regelmäßig über unser Angebot an Büchern übers Ruhrgebiet. Hier eine Auswahl:

Joachim Wittkowski (Hg.)
Hic, haec, hoc, der Lehrer hat
'nen Stock – Schulgeschichten
aus dem Ruhrgebiet

Joachim Wittkowski (Hg.)
Auf Streife im Revier
Der Krimi im Ruhrgebiet

Helmut Spiegel
Ich schäbiges Frikadellchen
Roman über die Kriegs- und
Nachkriegszeit im Ruhrgebiet

Helmut Spiegel
Das Bollerrad muss bollern,
der Knicker, der muss rollern
Verlorene Kinderspiele
aus dem Ruhrgebiet

T. D. Reda
Die Nacht der Wunder
Roman über falschen Glauben
und wahre Hoffnung

T. D. Reda
Unter der Zweigertbrücke
Phantastischer Roman

Friedhelm Wessel
Manchmal auch in Unterbuxe
Geschichten entlang des
Rhein-Herne-Kanals

Inge Meyer-Dietrich & Anja Kiel
Die Hüter des Schwarzen Goldes
Roman

Inge Meyer-Dietrich
Plascha
Von kleinen Leuten und
großen Träumen – Roman

René Schiering
Ruhrpott-Köter
Woanders ist es schön,
aber hier bin ich zu Haus – Roman

Zepp Oberpichler
Gitarrenblut
Rock-'n'-Roll-Roman mit Musik-CD

Ulrich Straeter
Grüne Minna
Weiße Westen an der Ruhr oder:
Eine Hand wäscht die andere
Kriminalroman

—